**뚝딱뚝딱
위클래스 운영,
어떻게 할까?**

Q&A로 푸는 상담교사 분투기
뚝딱뚝딱 위클래스 운영, 어떻게 할까?

1판 1쇄 발행 2024년 6월 21일

지은이	이호은, 조윤정, 이은주
펴낸이	한기호
책임편집	서정원
편집	여문주, 박혜리, 송원빈, 이선진
본부장	연용호
마케팅	하미영
경영지원	김윤아
디자인	이성호
인쇄	예림인쇄
펴낸곳	(주)학교도서관저널
출판등록	제2009-000231호(2009년 10월 15일)
주소	04029 서울시 마포구 동교로 12안길 14(서교동) 삼성빌딩 A동 3층
전화	02-322-9677
팩스	02-6918-0818
전자우편	slj9677@gmail.com
홈페이지	www.slj.co.kr

ISBN 978-89-6915-168-1 (03370)
책값은 뒤표지에 있습니다

이 도서의 국립중앙도서관 출판예정도서목록(CIP)은 서지정보유통지원시스템 홈페이지(http://seoji.nl.go.kr)와 국가자료종합목록 구축시스템(http://kolis-net.nl.go.kr)에서 이용하실 수 있습니다.

Q&A로 푸는 상담교사 분투기

뚝딱뚝딱 위클래스 운영, 어떻게 할까?

이호은, 조윤정, 이은주 지음

여는 글

전문상담교사로 처음 위클래스의 문을 열면서 새로운 출발에 대한 설렘과 기대, 그리고 막연한 두려움이 교차했던 때가 생각납니다. 교과교사로 20년 넘게 생활하면서 교무실과 교실에서 너무 많은 사람들과의 관계에 지쳐 있었기에 조용한 위클래스에 혼자 있다는 것으로도 쉼을 얻고 위로받는 것 같은 때도 있었습니다. 처음엔 상담교사로 무얼 해야 할지 막막했습니다. 상담을 하면서도 아이들에게 정말 도움이 되는지 나를 믿지 못하는 시간도 있었습니다. 그 쉽지 않은 변화의 시간들을 지나오면서 함께 전직한 상담교사들과의 소통이 큰 힘이 되었습니다. 서로 위로하고, 때로는 같이 분노하고, 정보를 주고받고, 함께 공부하면서 서로를 성장시켰습니다. 그렇게 상담교사가 되어 가면서 느끼고 경험한 것들을 함께 나누고자 세 선생님이 모였습니다. 다 아는 이야기도 있고 몰랐던 것도 있겠지만 그저 우리의 경험을 통해 '아! 좋은 상담교사가 되는 것이 나만 힘든 것은 아니구나.'라는 작은 위로가 되기를 바랍니다.

"책이요? 어휴, 무슨…"

어느 날 책을 만들어보자는 제안에 처음엔 손사래를 쳤습니다. 상담교사로 전직한 지 12년, 이제야 상담에 대해 조금 알게 된 것 같고 여전히 부족함을 느끼고 있기 때문입니다. 상담을 공부하면서 나의 중요한 키워드는 늘 '궁금함'이었고, 뭔가를 자꾸 시도해 보려는 마음도 컸습니다. 그래서 상담교사들의 모임방에서 열심히 알아보고 함께 궁리하고 나누면서 지내오고 있습니다. 그런데 10년 전 우리가 궁금해하던 것들과 비슷한 질문들이 지금도 올라오더라고요. 예전에 똑같이 고민하고 헤맸던 부분들이어서 그 마음을 알기에 가능한 열심히 답을 해주었습니다. 그러다 보니 뭔가를 시도하고 알아보고 나누는 것이 자연스러운 일이 되었습니다. 온·오프라인에서 상담선생님들을 만나는 일은 늘 즐겁고 힘이 됩니다. 그렇게 만난 3명의 선생님이 3인 3색으로 각자의 생각을 풀기도 하고 공통의 견해는 모아서 책으로 엮었습니다. 이 책을 읽다가 '어? 이렇게 하면 좀 수월하겠는데' 혹은 '이런 방법도 있네' 하는 생각을 하게 된다면, 이 책이 여러분들에게 쓸모가 있다면 참 기쁠 것 같습니다.

상담교사로 첫발을 내디뎠을 때, 업무의 중요성과 무게를 실감하지 못한 채 하루하루를 보냈습니다. 여러 어려움을 겪으면서 물어볼 곳이 없어서 같이 시작한 선생님들과 머리를 맞대고 정답을 찾으려 했던 시절이 있었습니다. 그때 누군가 조금만 알려 주었다면, 훨씬 더 수월하게 이 길을 걸어왔을 것이라는 아쉬움이 남았습니다. 그래서 신임 상담교사 연수를 진행하고 강의를 다니며 저의 경험과 지식을 나누려 노력했지만, 실질적인 도움을 주지 못한 것 같아 늘 마음에 남아 있었습니다. 이 책을 쓰게 된 계기도 그런 경험에서 비롯되었습니다. 학교에서 혼자 감당해야 하는 업무에 단비 같은 책이 되었으면 하는 마음으로 조심스럽게 쓰게 되었습니다. 선생님들이 실제 현장에서 바로 적용하며 도움받길 바라는 마음으로 학교상담의 기본 업무부터 시작해 실무적인 지침과 방법들을 담았습니다. 이 책을 통해 상담교사로서 필요한 지식과 지혜를 나누고, 나아가 학생들 삶의 긍정적인 변화를 가져오는 데 기여할 수 있기를 바랍니다. 상담교사로서의 여러분의 노력이 학생들에게 큰 힘이 될 것이라 믿으며, 이 책이 그 여정에 작은 등불이 되기를 희망합니다.

차 례

여는 글 **5**

1장 | 위클래스에서 상담교사로 시작하기

01 전문상담교사가 된 후 당황스러웠던 일은 없었나요? **15**
02 학교상담은 일반 기관의 상담과 어떤 점이 다른가요? **22**
03 학교의 다른 교사들은 위클래스의 '상담'에 대해
   어떤 시선을 가지고 있을까요? **27**
04 상담교사는 무얼 해야 하는 사람일까요? **34**
05 상담교사를 시작할 때 어떤 마음가짐이 필요할까요? **37**

2장 | 좌충우돌 위클래스에서 1년 잘 보내기

01 새 학기 시작, 어떻게 하면 업무를 빠뜨리지 않고
   잘할 수 있을까요? **43**
02 각종 운영계획을 세워야 하는데 무엇을 해야 할지 모르겠어요 **45**
03 학부모상담주간에 위클래스에서는 무얼 해야 하나요? **47**
04 수업 중 상담 활동 동의서를 받아야 하나요? **50**
05 선생님들에게 수업 중 학생 상담에 대한 안내와 확인은
   어떻게 하나요? **52**
06 위클래스를 홍보해야 하는데 좋은 방법이 있을까요? **56**
07 1학기말에 정리를 해야 할 때 꼭 챙겨야 할 것이 있나요? **61**
08 2학기 시작할 때 따로 챙겨야 할 것이 있나요? **63**
09 학년말에 잊지 말아야 할 것이 있다면요? **66**
10 도움 받을 수 있는 기관을 알고 싶어요 **69**

3장 | 스마트한 위클래스 운영하기

01 상담일지를 어떻게 기록하고 보관하면 좋을까요? **77**
02 나이스에도 꼭 상담을 기록해야 한다는데
　　일지와 별도로 해야 하나요? **80**
03 상담을 시작하기 전에 준비해야 할 것이 있을까요? **83**
04 정서행동검사 관심군 상담을 어떻게 준비해야 할까요? **87**
05 외부기관과 상담 연계를 할 때 학생의
　　출석 인정에 대해 알고 싶어요 **92**
06 온라인 위클래스는 꼭 운영해야 하는 건가요? **96**
07 위클래스에 구비해 놓으면 유용한 물품이 있나요? **99**

4장 | 솔리언 또래상담반 알차게 운영하기

01 또래상담반 구성은 어떤 형태로 하는 것이 좋은가요? **107**
02 또래상담반 모집은 어떻게 하나요? **110**
03 또래상담반 교육 시간을 잡기가 어려워요 **114**
04 또래상담반 교육은 어떻게 해야 하나요? **117**
05 또래상담반 운영을 어떻게 하면 좋을까요? **124**
06 또래상담반 행사를 꼭 해야 하나요? **129**
07 또래상담반 행사로 어떤 것을 하면 좋을까요? **131**
08 또래상담자들의 상담 활동은 어떤 방식으로 하나요? **137**
09 또래상담자에게 봉사활동 시간을 부여할 수 있나요? **140**

5장 | 학생들의 성장을 돕는 프로그램 운영

01 위클래스에서 행사를 꼭 해야 하나요? **145**
02 위클래스에서 하는 행사 홍보를 어떻게 하면 좋을까요? **152**
03 행사를 대회 형식으로 운영할 수 있나요? **155**
04 교실에서 할 수 있는 프로그램은 어떤 것이 있나요? **160**
05 특별교육은 어떻게 운영해야 하나요? **171**
06 학업중단 숙려제 프로그램은 어떻게 운영하나요? **177**

6장 | 외딴섬에서 벗어나기 위한 관계 맺기

01 선생님들과 소통할 수 있는 좋은 방법이 있을까요? **183**
02 위클래스에 배정되는 업무를 조정하기가 어려워요 **186**
03 담임교사가 상담 내용을 물어봐요 **188**
04 학교 내 관리자와 소통을 잘하는 방법이 있을까요? **191**
05 부담스러운 내담자의 학부모, 어떻게 만나면 좋을까요? **193**
06 소진되어 가는 나를 위한 처방전은? **196**

7장 | 난감한 상황 슬기롭게 대처하기

01 보호자가 위클래스 상담을 원치 않아요 **203**
02 학교폭력 사안이 발생하면 어떻게 해야 하나요? **206**
03 상담 기록 공개 요청에 어떻게 대응해야 할까요? **210**
04 특별실을 번갈아 다니는 학생을 지켜봐야 하나요? **214**
05 학생이 상담 시간을 마음대로 정하고 싶어해요 **216**
06 자해하고 온 학생은 어떻게 대해야 하나요? **219**
07 학생이 자해나 아동 학대에 대해 알리는 것을 거부하며
   상담도 받지 않겠다고 하는데 어떻게 해야 할까요? **223**
08 병원 진단 후 받은 약을 먹이지 않는 학부모가 있는데
   괜찮을까요? **225**
09 학생 위기 사안이 발생했을 때 대처 방법이 궁금합니다 **227**
10 학생에게 상담교사 전화번호를 알려 줘야 할까요? **231**
11 외부 기관이나 병원에서 상담을 받고 있는데 질병 결석으로
   인정받을 수 있나요? **235**

1장

위클래스에서 상담교사로 시작하기

위클래스에서 상담교사로 시작하기

처음 상담교사로 발령을 받아 위클래스에 출근하던 순간이 기억납니다. 학교 안에서 상담이라는 특별한 업무를 통해 학생들과 선생님들을 돕겠다는 각오와 계획을 세우기도 했던 것 같습니다. 물론 지금도 그 생각은 변함이 없습니다.

학년 초부터 각종 운영계획을 세우고, 행사와 프로그램을 구성하고, 상담 관련 업무 이외의 업무에 대해 끝없이 조율하고, 협의회와 상담일지 정리하는 일만 해도 어마어마하죠. 아마 대부분의 선생님들은 상담만 하면 될 것이라는 순진했던 생각이 왕창 깨지는 경험을 해봤으리라 생각합니다. 학교상담이 가지고 있는 특수성 때문에 학교에서 배운 것과 다른 상황에 놓이게 되어 당황스러운 경험도 있었으리라 생각되고요.

그래서 본격적인 이야기를 하기 전에 학교상담은 어떤 것인지, 학교의 다른 선생님들은 위클래스를 어떤 시선으로 바라보고 있는지, 학교에서 상담교사의 역할은 도대체 무엇인지 등 상담교사라면 한 번쯤 고민해 보았음 직한 궁금증에 대해 우리의 생각을 나누어 보고자 합니다.

01 전문상담교사가 된 후 당황스러웠던 일은 없었나요?

위(Wee)클래스에서 근무하면서 예기치 못한 상황을 만나 당황한 적은 없나요? 위클래스는 교무실이나 행정실과 떨어진 공간에 있는 경우가 많고 상담교사 혼자서 근무하게 됩니다. 상담과 업무가 많을 때는 하루 종일 교무실에 가거나 다른 선생님들과 교류할 틈이 없을 때도 많죠. 그러다 보니 예기치 못한 경우를 만나 당황한 경험이 있을 겁니다. 또 생각지 못한 일까지 감당해야 하는 상황에 스트레스를 받기도 하죠. 상담교사로 근무하면서 마주한 당황스러웠던 순간을 나누어 보려 합니다.

혼자서 특별실을 사용한다는 부러움의 시선

학교에서 교사가 혼자 사용하는 공간을 갖기란 쉽지 않습니다. 특히 교과교사들은 더 그렇죠. 주로 교무실에서 업무를 보고 교과실을 가지고 있더라도 같은 교과의 교사들과 함께 사용하며 수업하는 공간으로 사용됩니다. 그러니 때로는 자신만의 공간이 아쉬울 때가 있겠죠. 그래서 특별실을 혼자 사용하는 비교과 선생님들이 부러울 때도 있을 겁니다. 가끔 다른 교사들이 그 부러움을 표현하는 경우도 있고요. 내가 혼자 쓰는 특별실이 아닌데도 말입니다. 보건실은 아픈 아이들이 늘 누워 있다고 생각합니다. 도서관은 교과 연계 수업이나 도서 대출·반납 이용 학생이 들락거린다고 생각하고요. 그런데 유독 위클래스는 상담하는 학생들을 위한 공간이라고 생각하지 않는 경우가 많아요. 내가 처음 상담교사 전직을 지원했을 때 교무부장님이 "왜 젊은 나이에 뒷방 늙은이처럼 물러나려 하냐."라며 안타까워했던 일이 기억납니다. 위클래스와 상담교사에 대한 시선을 반영한 말이었다고 생각합니다. 하지만 위클래스에 얼마나 많은 학생들과 선생님들이 오가는지, 또한 그들에게 쉼을 제공하기 위해 상담교사가 얼마나 분주하게 움직이는지 우리는 알고 있습니다.

아무도 나의 존재를 신경 쓰지 않는 것

　한 번은 업무를 처리하다 보니 퇴근 시간이 훌쩍 넘어 버렸습니다. 시간을 보고 허둥지둥 정리하고 위클래스 문을 나가니 복도와 계단의 불이 모두 꺼져 있었습니다. 핸드폰을 켜고 더듬더듬 내려가 보니 현관문이 밖에서 잠겨 있었고, 내 움직임을 감지한 경보 장치가 마구 울리는 바람에 막 문을 잠그고 나가던 선생님이 화들짝 놀라며 돌아와 문을 열어 준 일이 있었습니다. 그 후로 늦게까지 일을 해야 할 경우에는 교무실에 미리 가서 내가 남아 있다는 걸 알려야 했습니다. 그럼에도 같은 일이 두어 번 반복되었습니다. 업무 메신저가 내가 퇴근하지 않았음을 알리고 있었지만 무심코 현관문을 잠근 거죠. 아무도 내가 남아 있는지 신경 쓰지 않는다는 것에 조금 서럽기도 했습니다.
　가끔 행사가 끝난 후 조퇴를 상신하고 퇴근해도 좋다는 공지가 전달되었는데 모르고 있다가 뒤늦게 퇴근하면서 교무실이 텅 빈 것을 보고 놀란 경우도 있습니다. 남아 있던 실무사와 몇몇 교사들이 "왜 아직 퇴근 안 했어요?"라며 같이 놀라기도 했죠. 나를 일부러 따돌리려는 것이 아니지만 아무도 나에게 무언가를 알려 주지 않고, 왜 몰랐냐고 나에게 탓을 돌리는 것 같아 화가 나기도 했습니다. 이런 일이 몇 번 반복된 후에 부장교사나 다른 교사가 일부러 위클래스에 찾아와 챙겨 주었고, 이제는 마지막 퇴근하는 교사들이 와서 언제 퇴근할 거냐고 물어봐 주기도 합니다.

모든 것을 혼자 해야 한다는 것

새 학기가 시작되면서 교사들과 업무 간 이동이 생기면, 2월에 새로 배정받은 업무를 담당했던 선임 교사에게 업무에 대해 인수인계를 받습니다. 이때 혹시나 잘 이해하지 못했다고 하더라도, 업무를 진행하며 모르는 것은 부장교사나 이전에 해당 업무를 담당해 봤던 선임교사의 도움을 받을 수 있습니다. 그런데 위클래스 업무에 대해 알고 있는 사람은 거의 없습니다. 오직 상담교사 혼자서 업무를 하기 때문이죠. 교감선생님이든 부장교사든 상급 결재자들은 주로 업무에 대한 흐름을 파악하고, 문제가 없는지에 대해 검토하기 때문에 실제적인 실무과정을 모르는 경우가 많습니다. 위클래스에는 학생을 상담하는 것 외에도 많은 행정 업무가 있습니다. 더군다나 학교마다 업무 환경이 다르다 보니 하루 이틀의 전달 연수로는 모든 것을 다 전달받을 수 없습니다. 결국 처음부터 홀로 다시 시작해야 하는 경우도 생기죠. 전년도 공문과 업무 매뉴얼을 뒤적이며 일을 하면서 내가 상담교사인지 행정 업무를 위해 배정된 주무관인지 정체성이 혼란스러워질 때도 있었습니다.

학교 구성원 모두가 자신의 입장에서 이해해 주기를 바라는 것

　학교의 구성원들이 모두 상담교사가 자신의 입장을 이해해 주고 자신의 편이 되기를 바라는 경우가 있습니다. 동료 상담교사가 상담하던 학생이 학교폭력의 가해자가 된 적이 있었습니다. 이때 학생과 학부모는 상담교사도 교사이기 때문에 결국 학교 편이라고 생각하고, 동료 교사는 상담교사가 학생을 위해 일한다고 생각해서 소외감 느꼈다고 합니다. 맡은 일을 열심히 하고 있는데 어느 누구에게도 신뢰받지 못하고 있다는 생각이 든다면 정말 힘들죠. 이 외에도 동료 교사들이 지적하는 소위 '문제 학생'에 대해 조금이라도 두둔하는 말을 하면 마치 상담교사가 학생 편만 든다는 오해를 받기도 합니다. 상담교사는 누구의 편이 되어 대변하는 사람이 아니라는 걸 이해하지 못해서 생기는 일이죠.

내 업무 아닌 업무에 대해 알고 있어야 한다는 것

　최근에 상담교사들의 모임방에 도움 요청 글이 올라왔습니다. '청소년 인터넷 스마트폰 과의존 및 사이버 도박 문제에 대한 상담치료 지원 안내'에 대한 문의였습니다. 업무를 담당한 교사가 학생들을 대상으로 관련 검사를 진행한 후 과의존으로 선별된 학생들의 명단을 상담교사에게 주면서 후속 조치를 알아서 해

달라고 하더랍니다. 아무런 협조 요청도 받지 못했던 상담교사는 크게 당황했던 거죠.

가끔 위클래스의 업무가 아닌 공문을 배정받거나 업무 요청을 받을 때가 있습니다. 특히 공문제목이나 내용에 '상담'이나 '정신건강'이라는 단어가 있으면 그런 경우가 많습니다. 쏟아지는 공문을 처리하고 배정하다 보니 자세히 읽어 볼 여유가 없어서 그런 경우도 많이 있겠죠. 그러니 공문을 꼼꼼히 읽어 보고 위클래스의 일이 아닌 경우 업무를 조정해야 하는 경우가 왕왕 있습니다. 이때, 상담교사는 상담을 하는 사람이기에 모든 것을 이해하고 수용할 거라는 생각을 하기 쉽습니다. 어떤 일에 대해 거절을 한다거나 불편한 감정을 표현하면 "상담교사가 그런 것 가지고⋯."라는 말을 듣기 일쑤입니다. 상담교사는 항상 웃고 늘 인내하며 화도 내지 않을 거라고 생각하기 때문이죠. 특히, 업무적인 것에 대한 마찰이 있을 때 다른 교사들보다 더 높은 인격적 성숙을 기대하면서 "상담교사니까 다 이해해라."라는 등의 요구를 할 때면 많이 힘들기도 합니다. 그래서 상담교사 스스로가 상담자 모드와 교사 모드를 잘 전환해야 합니다. 업무는 이해로 하는 것이 아니라 업무의 성격으로 하는 것이라는 것을 분명히 전달하면서, 차분히 근거를 가지고 이성적으로 접근해야 합니다. 그래서 상담교사는 위클래스의 업무 뿐 아니라 다른 부서의 업무에 대한 대략적인 흐름을 잘 파악하고 있지 않으면 배분된 공문이 내 일인지 아닌지 구분하기 어렵습니다.

업무 조정뿐 아니라 담임교사가 학교폭력, 아동폭력, 가정폭력 등과 관련된 일로 자문을 구하는 경우가 많습니다. 업무 담당자가 누구인지 잘 모르는 교사들은 급한 마음에 무조건 위클래스로 달려오기도 합니다. 도움을 구하는 교사들에게 잘 안내해 주려면 관련 업무의 흐름을 파악하고 있어야 합니다. 이처럼 상담교사는 여러 가지 이유로 교무실의 여러 업무에 대해 알고 있어야 하더라고요.

끊임없이 공부해야 한다는 것

교과교사일 때는 내가 가진 교과 전문성을 의심하기보다는 가지고 있는 교과의 지식을 학생들과 어떻게 나눌 것인가에 대해 고민했습니다. 하지만 상담교사가 된 후에는 나의 상담에 대한 전문성에 도전을 받게 되더라고요. 학생들을 제대로 도와주지 못하면 어쩌나 하는 두려움이 동료 상담교사들과 계속 연수를 받고, 학회 활동을 하고, 연구회를 통해 상담에 관한 지식을 채우게 했습니다. 결국 박사과정까지 하게 되었죠. 해도 해도 끝없는 공부 지옥에 빠진 것 같았어요. 상담교사가 된 지 10년이 넘었지만 아직도 나에게 맞는 상담 방법을 찾기 위한 공부는 끝나지 않고 있습니다.

02 학교상담은 일반 기관의 상담과 어떤 점이 다른가요?

다양한 상담 기법을 활용하여 내담자의 어려움을 스스로 해결할 수 있도록 돕는다는 점은 같지만, 학교상담은 학교라는 시스템 안에서 상담 활동이 이루어지기 때문에 일반 기관의 상담과 다른 부분들이 있습니다. 학교라는 시스템의 특징을 잘 활용하면 좋은 시너지 효과를 얻을 수 있습니다.

다양한 신청 경로와 유형

학교상담은 학생이 직접 신청하는 자발적인 상담뿐 아니라 여러 경로로 의뢰되는 비자발적인 상담도 포함합니다. 교실에서 담임교사나 교과교사에 의해 사안이 발견되어 의뢰되거나, 정서 행동특성검사나 다른 검사를 통해 선별된 학생을 대상으로 상담이 의뢰되기도 합니다. 특별교육이나 학업중단 숙려제 등 학교 내 부서에 의해 의뢰되는 경우도 많습니다.

학생들이 호소하는 문제는 친구 간의 갈등, 품행 장애, 자해, 자살 시도, 아동학대, 성폭력 피해 등 다양합니다. 그 어려움의 깊이가 생각보다 깊은 경우도 많습니다. 상담 스펙트럼이 너무 다양하고 깊지만 학교라는 공간에서 상담교사는 나 한 명뿐입니다. 선생님들은 이러한 학생을 의뢰하며 해결해 주길 바라지만 성과는 빨리 드러나지 않습니다. 겨우 좋아진 듯 보였던 학생들이 제자리로 가는 것을 보면 힘이 빠지기도 합니다.

해결중심상담이론에서는 상담자를 고객형, 방문형, 불평형으로 분류하는데, 의뢰되어 만나게 되는 아이들 중 대다수는 방문형, 불평형입니다. 이런 아이들의 이야기를 편안히 들어 주고 감정을 알아 주는 것으로도 라포르가 형성되고, 아이들이 고객형으로 바뀌기 시작됩니다. 이를 위해 학생들이 위클래스를 누구나 편히 올 수 있는 곳으로 인식할 수 있도록 만들면 좋겠지요.

공통의 목표 : '학교에서 잘 지내기'

학생들이 호소하는 것과 교사들이 의뢰하면서 바라는 것은 다양하고 서로 다르기도 합니다. 학생들이 호소하는 문제를 우선하여 상담을 하다 보면 대부분이 '학교에서 잘 지내기' 바란다는 것을 알게 됩니다. 이는 학생의 상담을 의뢰한 교사들의 바람이기도 합니다. 즉, 공통의 목표가 있는 셈이지요.

교사가 상담을 의뢰한 학생을 마주할 때 몇 가지 질문을 하곤 합니다. "선생님께서는 네가 상담을 통해 뭐가 조금 달라지길 바라시는 걸까?" "너는 그 부분에 대해 어떻게 생각하니?" 이런 질문을 시작으로 학생과 합의된 상담 목표를 세우고 상담을 진행할 수 있습니다. 담임교사의 생각과 학생의 생각이 다른 경우에는 서로 다시 이야기해 보고 방향을 수정하는 것도 중요합니다. 이런 과정을 통해 학생에게 학교에서 스스로 실천해 볼 수 있는 작은 일을 생각하고 행동해 보게 할 수 있죠. 이 공통의 목표를 이루기 위해 상담교사, 담임교사, 교과교사, 학생, 학부모의 협력이 이루어진다면 학생에게는 최선이 아닐까요.

긴 상담 회기

상담자의 역량과 계획에 의해 상담 회기를 조정할 수는 있지만, 해마다 적지 않은 학생들을 졸업할 때까지 만나야 하는 경우가 있습니다. 어찌 보면 오랜 상담 회기가 보장될 수 있으므로, 이를 잘 활용하면 학생에게 작은 목표를 하나씩 달성하게 하여 학생의 변화에 도움을 줄 수 있습니다. 저는 가능하면 작은 목표를 세우고 상담을 일정 회기 동안 진행한 후, 학생에게 상담 없이 지내보다가 다시 상담을 신청하도록 하면서 회기를 조정합니다.

협력이 가능한 시스템

위클래스는 학교 시스템 안에 있기 때문에 다양한 협력이 가능합니다. 담임교사, 교과교사, 학생부 등 교내 부서 및 다양한 위원회와 사례를 함께 고민하고 학생을 도울 수 있는 방법을 모색할 수 있으며 학생의 친구들에게서도 도움을 얻을 수 있습니다. 혼자 끙끙 앓지 말고 함께 해결할 수 있는 방법을 찾아보세요. 학교 시스템을 효과적으로 활용하기 바랍니다. 내담자, 교사, 학부모 그리고 친구들에게 도움을 요청할 수 있습니다.

다만 이러한 학교 시스템을 효과적으로 활용하기 위해서 상담내용을 어디까지 공유하고 도움을 요청할 것인가에 대해서 상담교사가 명확히 할 필요가 있습니다. 내담자인 학생에게 충분히 안내하고 협의한 후 학생과 협의한 내용을 토대로 진행해야 합니다. 특히 위기 상황이라면 이 부분은 상담 초기에 안내되었던 대로 보호자와 관련 교사에게 알리고 진행되어야 함을 다시 상기하고 이해시키세요. 학생이 알려지기를 꺼린다고 선생님이 혼자 그 문제를 해결하려고 하면 안 됩니다. 홀로 오롯이 감당하려 하지 말고 시스템을 통해서 학생을 도울 수 있는 방법을 모색하기 바랍니다. 담임선생님, 해당 위원회 선생님들과 협의하되 회의 중 조심스러운 부분이 있다면 반드시 알려야 합니다.

학생에게는 "○○아, 지금 이러한 상황은 담임선생님께 도움을 받고 부모님께 알려드려야 할 것 같구나. 혹시 우선 이것만은 알려지기를 꺼려하는 부분이 있니?"라고 물으면 대부분의 학생은 동의합니다.

이런 방법을 통해 관련 선생님들과 소통하면서 학생의 상황 등을 좀 더 정확히 이해하게 되면 상담할 때 좋은 방향을 제시해 줄 수 있습니다. 이렇게 학교 안에 있는 시스템을 잘 활용하여 내담자와의 비밀보장 약속도 지키고, 관련 교사 및 주변 친구와 보호자를 협력자로 이끌어서 학생을 조금 더 도와줄 수 있는 것이 학교상담의 장점입니다.

03 학교의 다른 교사들은 위클래스의 '상담'에 대해 어떤 시선을 가지고 있을까요?

지금은 많은 교사가 위클래스의 역할에 대해 이해하고 있습니다. 하지만 아직도 일부 교사들은 위클래스의 '상담'에 대해 너무 많은 기대를 가지고 있는 듯합니다. 제 경험을 바탕으로 위클래스의 상담에 대한 교사들의 생각과 기대를 몇 가지 나누어 보겠습니다.

위클래스에서 상담교사가 모든 업무를 알아서 해줄 거라는 생각

상담교사로의 전직이 정해진 후 당시 학생부장이 저를 걱정해 주면서 한 말이 있습니다. "이제 학폭 사안 조사며 가해자 피해자 상담하고 처리도 모두 선생님이 해야 하는데 큰일 났다. 자해하고 이상한 애들도 다 데리고 있어야 하는데 어떻게 해?" 일부만 맞고 대부분은 아니죠. 학생부에서 의뢰한 가·피해자 상담을 할 수 있지만 사안 조사는 하지 않습니다. 자해하거나 이상한 학생들을 대상으로 상담 의뢰를 받으면 그 학생들을 상담하지만 계속 데리고 있을 수는 없습니다. 하지만 이것이 위클래스의 '상담'에 대한 학교의 시선이라고 생각합니다. 지금도 정도와 업무는 다르지만 가끔 상담교사들이 메신저로 도움을 요청하는 내용을 보면 이와 비슷한 상황이더라고요. 일부 교사들은 자신의 기대에 미치지 못하면 실망하며 "상담교사는 뭘 하는 사람이냐." "일을 하나도 안 한다."라는 말을 하기도 합니다. 그래서 상담교사들은 상담교사가 어떤 방법으로 다른 교사들과 학생들을 도와줄 수 있는지를 주변에 알려 주어야 합니다.

상담이 아닌 격려와 훈계를 바라는 경우

수업을 하다 보면 늘 수업 준비는 안 해 오고, 교사의 지도에 불손한 태도를 보이며 교사들을 힘들게 하는 학생이 있기 마련입니다. 정말 교사의 인내심을 시험하는 듯하죠. 수업시간 중간에 한 선생님이 위클래스로 학생을 데리고 왔습니다. 무척 흥분한 어조로 "너 상담선생님이랑 상담 좀 하고 와."라며 학생을 두고 갔습니다. 수업 중에 교사와 학생의 마찰이 크게 있었던 것 같

있습니다. 화가 난 듯한 표정에 아무 말도 하지 않고 있던 학생을 보고 짐작할 수 있었죠. 그 선생님이 원한 것은 아마도 상담이 아닌 학생의 격려와 훈계가 아니었을까요.

상담교사가 학생을 찾아서 상담해야 한다는 생각

가끔 학급에서 어려움이 있는 학생들의 이름을 거론하면서 "그 애는 왜 상담 안 해요?" "어떻게 그 애를 모를 수 있어요?"라는 말을 하는 교사들이 있습니다. 나에게 학생에 대한 정보를 주려는 의도라고 좋게 생각할 수도 있습니다. 그러나 그들에게 "그럼 그 학생을 의뢰해 주세요."라고 해도 대부분 의뢰하지 않습니다. 정보를 주었으니 상담교사가 학생을 불러서 상담하면 된다고 쉽게 생각하는 거죠. 하지만 학생과 학부모의 동의 없이 상담교사가 마구 학생을 불러 상담하기는 어렵습니다.

수업에 들어가지 않는 상담교사로서는 위클래스에 찾아오지도 않고, 담임교사나 교과교사가 의뢰하지 않은 학생을 알지 못하는 것은 당연합니다. 그렇다고 학생을 파악하기 위해 수업을 할 수는 없는 노릇이지요. 수업을 하게 되면 학생들에게 지시와 지도를 할 수밖에 없고 평가를 통해 상하 관계가 형성될 수밖에 없습니다. 수업과 학생을 상담하는 것은 이중관계가 형성되기 때문에 상담자 윤리에도 어긋납니다. 학생들과의 이중관계를 막기 위해 교문지도나 급식지도와 같은 활동도 지양하기를 권고하고 있으니까요. 그러나 학교에서는 학생이 찾아오지 않아도, 교사가 의뢰하지 않아도 어려움이 있는 학생을 상담교사가 알아서 찾아내어 상담해 주기를 기대하고 있을지도 모르겠습니다.

수업을 안 하니까 여유로울 것이라는 생각

교과교사라면 수업계에서 짜 주는 수업 시간표대로 하면 됩니다. 시간표가 조금 빡빡하든 여유 있든 정해진 수업에 맞추어 나머지 업무 일정과 휴식을 위한 시간을 계획할 수 있습니다. 하지만 위클래스는 상담시간과 업무 시간 관리를 모두 상담교사가 해야 합니다. 그것도 마음대로 하는 것이 아니라 학생과 교과교사와 수업 일정을 협의해서 정해야 하죠. 수업만 없을 뿐이지 상담교사에게도 시간표라는 것이 생기고 그 시간표는 매번 바뀌고 상황에 따라 널을 뜁니다. 상담교사 초기에 학생들의 사정을 봐주다 보니 수업 시작 전 1시간부터 방과 후 1시간까지 총 9시간 동안 상담을 하기도 했습니다. 그럼에도 "상담교사는 수업을 하지 않으니 여유가 있지 않냐.", "수업도 안 하면서….."라는 소리를 들으면 마음이 힘들죠.

한 번 상담하면 아이들이 싹 바뀔 거라는 생각

학급에서 심리적 어려움을 겪고 있는 학생을 담임교사가 의뢰하는 경우가 종종 있습니다. 이런 학생들 중에는 상황이 매우 좋지 않아서 접근하기 어려운 경우도 있고, 병리적인 상황이 겹쳐 있는 경우도 있습니다. 그런데 상담이 몇 회기 지나지도 않았는데 "왜 학생에게 변화의 모습이 보이지 않냐?"라고 조바심을 내는 교사도 있습니다. 대부분의 상담이 한두 번의 개입으로 학생을 변화시킬 수 없다는 점을 이해하지 못해서 생기는 일입니다. 하지만 이런 교사들의 마음을 나무랄 수는 없죠. 상담교사에게 맡겼으니 학생이 빨리 변화되어 학급에 적응하기를 바라는 담임교사의 마음이 크기 때문이겠지요.

그럼에도 불구하고 상담교사에게 찾아온다

요즘은 일반 교사들의 상담에 대한 인식이 매우 높아졌습니다. 일부 교사는 상담교사들의 전문성과 어려움을 인정하고 이해해 주기도 합니다. 본교 담임교사들은 담당하고 있는 학급 학생들에 대한 책임감이 매우 커서인지 어지간한 경우에는 위클래스에 의뢰하지 않는 것 같습니다. 하지만 학생을 지도하다 벽에 부딪쳐서 자문을 구하는 경우가 꽤 있습니다. 이런 경우 자문을 통해 학생의 어려움을 같이 고민해 주는데, 그래도 힘들면 위클래스에 의뢰하도록 안내합니다. 결국 교사도 학생도 심리적 어려움에 대한 도움을 받기 위해 상담교사를 찾게 되는 것 같습니다.

대부분의 교과교사들은 업무를 번갈아 가면서 담당합니다. 그러다 보니 서로의 업무에 대한 이해와 공감이 형성됩니다. 사서교사, 보건교사, 영양교사와 같은 비교과의 경우 어떤 업무를 하는지 비교적 명확하게 보이기도 합니다. 그러나 상담은 좀 다르게 인식되는 듯합니다. '상담'이라는 단어는 너무 많은 곳에서 사용되기도 하고, 사실 담임교사와 교과교사도 '상담'을 하고 있거든요. 이러한 이유로 위클래스에서 하는 상담교사의 상담에 대해서 잘 이해하지 못하는 부분들이 있습니다. 그러나 아시다시피 위클래스에서 진행되는 전문상담의 영역은 교과교사나 담임교사의 상담과 다른 부분이 많습니다.

상담교사로 전직한 후 주변의 친한 교사들에게서 많이 들은 이야기 중 하나가 "상담도 힘들지. 어려운 아이들을 많이 만나고 계속 이야기해야 하는 게 얼마나 힘들겠어."입니다. 하지만 이런 위로는 전문상담을 제대로 이해하지 못하는 다른 교사들의 시선을 알게 해줍니다. 사실 계속 이야기하느라 힘든 게 아니라 학생이 이야기를 할 수 있도록 잘 들어야 하는 게 힘든 거죠. 아시다시피 십 대는 자기 이야기를 잘하는 그룹은 아닙니다. 그래서 아이의 표면적인 이야기에서 내면의 욕구를 알아차리고, 그 내용을 아이에게 물어보고 제대로 들었는지 파악해야 합니다. 내담자가 바라는 진짜 모습들을 알아차리기 위해 나름 열심히 배우고 연습하는데도 상담은 여전히 힘이 듭니다. 게다가 열 명이면 열 명이 다 다른 경우라 매번 새로운 상담 장면을 만나야 합니다. 그리고 상담 후 일지나 사례를 정리하는 일은 상담 시간만큼, 또는 그 이상의 시간이 필요하기도 합니다. 함부로 공유할 수도 없습니다. 이러한 상담교사의 업무 특성을 교과교사나 담임교사가 이해하기 쉽지 않을 겁니다. 그러니 "상담교사가 도대체 뭘 하냐?"라는 말을 듣기도 합니다. 물론 마찬가지로 상담교사들도 담임교사의 입장과 교과교사들이 교실 현장에서 겪는 일들을 다 이해한다고 할 수 없을 겁니다. 서로의 업무에 대한 존중과 인정은 상호 이해를 위해 노력이 필요한 부분이라고 봅니다. 상담교사의 일을 공감 받지 못한다고 너무 속상해하지 마세요. 기회가 되면 담당 부장에게 교과교사와 상담교사의 입장과 업무 차이에 대해서 살짝 이야기를 해 주는 것도 좋습니다.

04 상담교사는 무얼 해야 하는 사람일까요?

전문상담교사는 '전문적으로 상담을 하는 교사'입니다. 상담에 관한 전문적인 지식과 접근 방법을 가지고 있고, 수업에 참여하지 않은 채 상담을 담당하는 교사라는 거죠. 학생을 수용해 주는 상담자와 학생을 지도하는 교사라니 참으로 애매한 위치에 있는 셈입니다. 그래서 상담교사는 자신의 정체성의 혼란을 겪기도 하죠. 그럼 상담교사는 무엇을 하는 사람인지 같이 생각해 볼까요?

학교 내의 유일한 상담 전문가

상담교사는 학교에서 상담전문가로서의 역할을 해야 합니

다. 일반적인 상담 전문가의 역할을 담당해야 함은 물론 위기 학생 관리, 외부 기관과의 적절한 연계 등 학생의 심리적 어려움 해결을 돕기 위한 다양한 활동에 전문성을 발휘해야 합니다. 그래서 많은 연수를 받고 공부를 할 수밖에 없죠. 처음에는 모르는 것도 많고 어렵기도 하지만 조금씩 경험이 쌓이다 보면 어느덧 학교 내의 상담 전문가로 자리매김하게 됩니다.

학생을 올바른 길로 안내하는 교육자

가끔 체험학습 인솔자로 학생들과 함께하는 경우가 있습니다. 그때 학생으로서 하지 말아야 할 행동을 하는 학생들을 보면 어떻게 하나요? 이런 상황은 상담 장면에서도 발생할 수 있습니다. 학생이 특정 선생님에게 불만 토로를 넘어 지나친 표현을 할 수도 있고, 자신의 일탈행동에 대해 마치 상담자를 시험하듯 이야기할 수도 있습니다. '내가 상담교사인데 야단칠 수도 없고….'라는 생각에 그냥 바라만 보고 있나요? 적극적으로 학생의 행동에 대해 개입을 하나요? 정답은 없습니다. 하지만 우리는 상담자이기도 하지만 교사라는 것을 잊지 말아야 합니다. 교사는 '일정한 자격을 가지고 학생들을 가르치는 사람, 학생들이 잘못된 길로 가지 않도록 이끄는 사람'입니다. 물론 학생에게 접근하는 방법이 교과교사와 달라야 합니다. 좀 더 학생의 입장을 잘 듣고 다

독여야 하죠. 훈계하고 지시하기보다 설득적인 대화로 이끌어야 합니다. 잘못된 방향으로 가고 있는 학생들에게 바른길을 안내해 주어야 합니다. 교사로서의 본질을 잊지 말아야 한다는 것이지요.

학생과 교사, 보호자를 연결해 주는 연결고리

학교에서는 다양한 경로와 이유로 상담이 의뢰됩니다. 위기 행동으로 상담을 하는 경우도 있지만 개인적인 어려움, 즉 친구 문제나 가정에서 보호자와의 갈등, 교사와의 갈등 같은 문제로 상담을 하기도 합니다. 학생들은 대부분 스스로 주변에 도움을 청하지 않습니다. 상담교사에게 온 것만으로도 대단한 용기를 낸 것입니다. 대부분 학생이 스스로 문제를 해결할 수 있도록 도울 수 있지만 간혹 교사와 가정의 도움이 필요한 경우가 있죠. 이런 경우 학생이 어려움을 해결하기 위해 어떤 도움이 필요한지 파악하여 서로 협력할 수 있도록 시스템을 연결하는 연결고리의 역할이 필요합니다. 교사와 학생과 보호자가 서로 오해 없이 상황을 바로 보고 해결의 실마리를 찾을 수 있도록 연결고리의 역할을 하는 것이 상담교사가 아닐까요.

05 상담교사를 시작할 때 어떤 마음가짐이 필요할까요?

상담교사는 학교에서 혼자이기 때문에 감당해야 하는 것들이 생각보다 많습니다. 제가 상담교사를 시작할 때 학교에 선임교사가 없다 보니 무에서 유를 창조하는 것처럼 많은 업무를 기획하고 만들어 나가야 했습니다. 그때 힘이 되었던 것은 같은 시기에 상담교사를 시작한 사람들과 만든 연구회였습니다. 이 모임을 통해 여러 선생님들과 연수를 듣고, 공문과 서류 그리고 프로그램 등을 공유하고 업그레이드하면서 효율적으로 업무를 진행할 수 있었습니다. 또한 서로 상담 영역의 어려움을 나누고 효과적인 대안을 제시해 주면서 문제들을 해결해 나갔습니다. 우리 모임 선생님들끼리 새로 만든 상담 양식이나 좋은 프로그램 등을 꾸준히 공유하다 보니 지금까지 소통하면서 성장하고 있습니다. 해결되지 않을 것 같은 일이 있다면 먼저 시행착오를 겪은 상담교사들과 이야기 나눠 보세요. 그러면 어려움이 절반으로 줄어들 것입니다. 나부터 어려움을 나누고 도우려고 하면서 점점 성장해 가는 상담교사가 되길 바랍니다. 같은 일을 하며 비슷한 상황을 경험하는 동료 상담교사들과의 교류를 통해 에너지를 충전해 나가길 바랍니다. 해를 거듭하며 많은 경험이 쌓이고 교육·연수 등을 통해서 행정업무나 상담에 대한 능력은 높아질 것입니다. 잘해야 한다는 생각에 조바심을 내거나 지나치게 일에 몰입하지 마세요. 무엇보다 중요한 것은 개인의 삶과 상담교사의 삶의 균형을 잃지 않는 것입니다.

간혹 상담을 마친 아이들로부터 쪽지를 받습니다. 손편지에 담긴 마음을 읽노라면 마음이 몽글몽글해집니다.

"적응을 잘 못하고 힘들어할 때 저의 고민을 말하면 '괜찮아'라는 말로 응원과 격려를 보내주셔서…. (중략) 우울하게 지내던 저를 동굴 안에서 나올 수 있게 도와주셨기에 버틸 수 있었던 것 같습니다."

학생들이 가장 많이 하는 이야기는 "선생님이 함께 계셔 주셔서"

"제 이야기를 들어 주셔서"였습니다. 우리가 하는 일은 그런 일인 것 같습니다. 아이들이 힘든 시기를 위험하지 않게 지나갈 수 있도록 그들의 이야기에 귀 기울이고 "그럼에도 불구하고 넌 괜찮다."라고 말해 주고, 지나치지 않은 말로 학생을 있는 그대로 인정해 주고, 아이가 스스로 어둠 속에서 나올 수 있을 때까지 있어 주는 일. 아이마다 다르니까 각자의 속도에 맞춰 주고 아주 조금만 앞서서 또는 곁에서 아이들과 함께 가는 사람이 상담교사라고 생각합니다.

상담을 하고 나서 다시 찾아오는 아이들은 그리 많지는 않습니다. 아마도 우리는 그 아이들에게 지나간 아픔의 기억일 수 있어서 그럴지도 모릅니다. 그래서 기꺼이 아이들에게서 잊히는 사람들이길 바라고 있습니다. 아이들이 다시 찾아오지 않고 잘 지낸다면 그게 최고의 보람이고 좋은 결과겠죠.

상담을 받기 위해 찾아온 것, 말해 준 것만으로도 너희가 참 잘한 일이라고 상담이 종결될 때마다 말해 줍니다. 방법을 찾으려고 애쓴 것이니까요. 그건 담임교사와 보호자에게도 해당됩니다. 모두 아이의 회복을 위하는 사람들이고 그 목표를 위해 상담교사에게 오니까요. 모두의 이야기를 들어 주고 그들이 방법을 찾기 위해 노력한 것과 어려움을 버텨온 수고를 인정해 주고, 원하는 것을 찾아가는 과정에서 함께할 수 있는 사람. 우리는 학교라는 시스템 안에 있는 아픈 아이와 보호자와 담임교사의 가장 가까이에서 그들을 도울 수 있는 사람들입니다.

2장

좌충우돌 위클래스에서 1년 잘 보내기

좌충우돌 위클래스에서 1년 잘 보내기

새 학기가 시작되면 학교는 정말 숨 쉴 틈 없이 돌아갑니다. 3월에 학교의 1년 계획의 틀이 세워지고 학급에서는 교사와 학생, 학생과 학생들의 새로운 만남으로 술렁입니다. 위클래스 역시 예외는 아니지요. 각종 운영계획서를 만들고 새로운 상담을 위한 준비를 해야 합니다. 학생들에게 위클래스에 대해 알려야 하고 학부모상담주간을 통해 학부모 상담도 진행해야 합니다. 이렇게 바쁜 시기가 지났다고 쉴 틈을 주는 것은 아니죠. 교과교사들은 주어진 수업 시간대로 수업을 하지만 상담은 시도 때도 없이 들쭉날쭉하게 진행됩니다. 그리고 학년부나 학생부 등이 의뢰하는 여러 가지 상담과 교육을 그때그때 기획하여 진행하기도 합니다. 정신없는 1년을 보내면 학년 마무리를 잘하고 다음 해의 계획도 세워야 합니다. 물론 다른 선생님들의 1년이 수월하지는 않습니다. 교과교사 역시 시험출제와 수행평가, 나이스(NEIS 교육행정정보시스템) 입력 등 1년 내내 쉴 틈이 없습니다. 하지만 상담교사가 교과교사와 다른 것은 이 모든 것을 혼자 해야 한다는 것입니다. 그래서 한 스텝 한 스텝이 더 어렵게 느껴지고 자칫 놓치는 일이 생기기도 합니다.

교사는 자신의 전공에서 능력을 발휘해야 합니다. 즉 상담교사는 상담에서 전문가로서 능력을 발휘해야 한다는 거죠. 하지만 그에 못지않게 업무를 잘 해내는 것도 중요합니다. 그래서 새 학기 시작부터 학년 마무리까지 어떻게 하면 1년을 잘 보낼 수 있을까 함께 고민해 보려 합니다.

01 새 학기 시작, 어떻게 하면 업무를 빠뜨리지 않고 잘할 수 있을까요?

새 학기는 늘 새롭죠. 저 역시 해마다 머리가 하얀 느낌으로 기억을 되살리곤 합니다. 특히 새 학기에는 1년 계획을 세워야 하기 때문에 정신없이 바쁩니다. 이럴 때 체크리스트를 활용해 보면 어떨까요. 예로 제시한 체크리스트를 참고하여 각 학교 사정에 맞게 필요한 내용들을 넣거나 빼서 리스트를 완성해 보세요. 월별로 정리해도 좋고 일자별로 정리해도 됩니다.

위클래스 업무 체크리스트 예시

시기	내용	비고
2월~3월 초	1. 각종 계획서 및 가정통신문 　□ 위클래스 운영계획 　□ 학부모 상담주간 운영계획(학기별) 　□ 학업중단예방 및 숙려제 운영계획 　□ 상담기록물 보안계획 　□ 수업 중 상담활동 동의서 □ 또래상담 운영계획 2. 홍보 　□ 위클래스 홍보자료 제작 및 배포(안내자료, 동영상, 링크) 　□ 또래상담반 모집(□기획 □홍보 □모집 □선발 □발표) 　　(TIP: 온라인 위클래스 운영 시 링크 홍보 포함) 3. 상담 관련 서류 및 도구 점검 　□ 전년도 정서행동특성검사 관리대장 확인 후 현담임과 명단 공유 　□ 서류(상담신청서, 동의서, 상담용 기록지, 일정표, 검사지) 　□ 도구(감정카드, 이미지카드, 매체 등) 4. 위클래스 환경 　□ 가구 배치, 필요물품 확인 및 구입	
4월	□ 학부모상담주간 운영 □ 정서행동특성검사 관리대장 확인 및 관심군 상담 계획, 전년도 관리대장 파악 등 □ 2차 의뢰 여부 확인(동의 여부 등) □ 그 외(학교별 사업 중 위클래스 협조 대상 및 협조 사안 확인)	
9월	□ 2학기 학부모상담주간 운영(기안, 가정통신문, 접수, 실시) □ 또래상담주간 □ 캠페인 또는 행사 준비(애플데이 등) □ 2학기 예산 잔액 확인	
11월	□ 정서행동특성검사 조치결과 통계 및 제출	
12월	□ 각종 정산 시기	

02 각종 운영계획을 세워야 하는데 무엇을 해야 할지 모르겠어요

3월에 세워야 할 계획이 유독 많지요. 학교마다 업무가 조금씩 다르기 때문에 세워야 할 계획에 정답은 없지만, 기존 방식대로 하면 수월합니다. 하지만 새로 부임한 경우라면 어떤 계획을 어떻게 세워야 할지 난감할 수 있지요. 이럴 때 참고할 만한 좋은 방법이 있습니다. 나이스 문서함에서 올해 교육청에서 보내온 위클래스 관련 문서와 바로 지난해에 기안한 운영계획서를 검색해 보세요. 검색창에 'Wee'를 친 후 검색하면 위클래스 관련 공문을 거의 다 찾을 수 있습니다.

- 교육청에서 학교로 2월에 발송한 당해 관련 문서 찾아보기
- 작년에 기안한 운영계획서 문서 찾아보기
- 동료 위클래스 선생님에게 도움 요청하기

자료를 찾기 위한 경로는 다음과 같습니다.

[업무포털] ⇨ [K에듀파인] ⇨ [(업무관리) 문서관리] ⇨ [문서등록대장] ⇨ [A 에 검색어 입력] ⇨ [조회]

문서대장 검색

　　작년 자료를 찾을 경우 검색 기간을 이전 학년도로 하고 6개월 이내로 설정하세요. 작년 계획서를 활용하되 교육청에서 새로 배부한 지침을 확인한 후 바뀐 부분을 수정하면 비교적 수월하게 운영계획서를 완성할 수 있습니다. 그리고 '펼치기' 부분을 클릭하면 세부 내용으로 검색할 수 있습니다.

03 학부모상담주간에 위클래스에서는 무얼 해야 하나요?

학부모상담주간의 계획과 운영을 상담교사가 주관하는 학교가 많습니다. 하지만 상담주간 일정이나 운영 방법을 교무부 등 다른 부서에서 주관하여 진행하는 학교도 있습니다. 어디에서 주관하느냐에 따라 가정통신문 발송이나 상담주간의 운영 방법이 달라지니 이 부분을 꼭 확인하세요. 만일 기존 운영 방식을 변경하고 싶다면 해당 부서의 부장에게 선생님의 의견을 말해 보는 것도 좋습니다. 이때 관련 공문이나 관내의 전체적인 트렌드 등을 조사해서 의견을 제시하면 좀 더 설득력이 생깁니다.

학부모상담주간을 어떻게 운영하면 좀 더 효과적일까요? 우리 학교에 적합한 방식은 어떤 걸까요? 여러 학교의 방법들을 모아봤습니다. 대체로 아래의 4가지 유형으로 운영되고 있습니다.

- 학기별로 상담 기간을 정해서 운영
- 1학기의 경우 수업시간을 조정해서 상담 집중기간을 운영
- 학기별로 기간을 정하되 유연하게 학급별로 운영
- 별도 기간 없이 연중 상시로 운영

교무부와 협의하여 3월 초 적당한 기간에 수업시간을 단축하고 오후에 학생 및 학부모 상담을 하는 집중상담기간을 운영하는 학교도 있습니다. 사실 담임교사들도 학생 상담할 시간이 부족하거든요. 이렇게 집중상담기간을 운영하는 것이 학기 초 학생 이해에 매우 효과적이라고 하네요. 사전에 협의와 안내가 잘 이루어지면 집중상담기간을 유용하게 활용할 수 있습니다.

요즘 트렌드는 '연중 상시' 상담 기간 운영입니다. 다만, 상시 상담 신청이 가능하더라도 사전에 상담을 신청할 것과 담임교사와 시간 약속을 해야 한다는 규칙을 세워야 합니다. 상호 존중이 가능한 상담이 되도록 방향을 잡으면 됩니다. 집중상담기간과 상

시 상담을 섞어서 운영해도 좋습니다. 가령 1학기에는 기간을 정해 놓고 하고 2학기는 상시 신청으로 운영하는 것입니다. 또는 학년별로 기간을 달리해서 진행하는 것과 상시 상담을 혼합한 방법으로 운영할 수 있습니다.

학기별로 기간을 정해서 운영할 경우 기간을 여유 있게 잡고 학년별, 학급별로 상담 가능한 시간을 표시해서 담임교사가 개별적으로 알림 앱이나 종이 가정통신문을 보내도록 하는 게 좋습니다. 이를 위해 저는 학급별 표시가 가능한 가정통신문 틀을 만들어 담임교사들에게 제공했습니다.

그리고 '학부모상담주간 실시 운영계획' 내용에 해당 기간 중 시간 외 근무를 실시할 수 있다는 내용을 넣고 담임교사들의 명단을 첨부했습니다. 그러면 필요한 담임교사들이 나이스에서 시간 외 근무를 신청할 수 있습니다. 상담 기간 중 학부모들에게 제공할 차나 담임교사를 위한 비타민을 확보해 나누어 주면 학부모들, 교사들과 말랑말랑한 관계를 형성할 수 있습니다.

04 수업 중 상담 활동 동의서를 받아야 하나요?

새 학기에 상담실에서 꼭 챙겨야 하는 가정통신문이 있습니다. 바로 정보공개 동의서와 수업 중 상담 동의서입니다. 먼저 학기 초에 일괄 배부되는 새 학기 정보공개 동의서 양식에 위클래스 활동 및 상담에 관한 정보공개 동의 내용이 있는지 정보부 또는 교무부에 문의하여 꼭 점검하세요. 간혹 위클래스의 내용이 누락되어 있는 경우가 있습니다. 그렇다면 당황하지 말고 수업 중 상담동의서 가정통신문에 위클래스 정보공개 동의에 대한 내용을 첨부해서 발송하면 됩니다. 그리고 다음 해에 위클래스의 정보공개 동의 내용이 누락되지 않도록 해당 부서에 협조를 요청하면 됩니다.

위클래스 수업 중 상담동의서는 매년 받는 경우도 있고, 특정 학년 대상(초등의 경우 1학년/4학년, 중등의 경우 1학년 등)에게만 받을 수 도 있습니다. 이때에는 1~3학년, 4~6학년, 재학 중 등 위클래스 수업 중 상담 동의 기간을 꼭 명시해야 합니다.

    중등의 경우 1학년 대상으로 가정통신문을 보낼 때, 기간을 '재학 중'으로 할 수 있습니다. 이렇게 하면 해마다 동의서를 받지 않아도 됩니다. 비동의 학생의 경우 보호자에게 한 번 더 안내하고 의사를 확인합니다. 대부분은 동의하지만, 비동의를 원하면 해당 학생의 명단을 내부 결재해 둡니다.

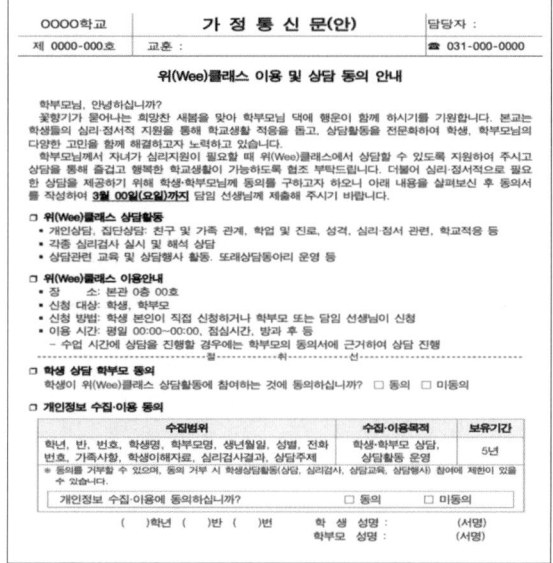

수업 중 상담동의서 예시

05 선생님들에게 수업 중 학생 상담에 대한 안내와 확인은 어떻게 하나요?

수업 시간 중 상담은 대부분 수업으로 인정됩니다. 이런 부분을 좀 더 명확하게 해 두고 싶다면 우선 현 학교의 출결 규정을 확인해 보고 교무부와 협의해서 위클래스의 수업 중 상담이 학교 출결규정에서 출석으로 인정될 수 있도록 하면 됩니다. 학교장이 인정하는 상황에 대해서는 출석 인정이 가능하기 때문입니다. 그리고 이에 대하여 전 교사와 학생에게 안내해 두세요. 상담을 실시할 때는 꼭 상담에 대한 사전 안내와 확인을 해 두는 것이 좋습니다. 상담 전 '상담 실시 안내'와 상담 후 '상담 확인서'를 학교 나름의 방식으로 활용하는 것을 추천합니다. 초등의 경우 담임교사에게, 중등의 경우는 담임교사와 교과 담당에게 사전에 안내하고 필요 시 '상담 실시 확인서'도 받아오도록 하면 됩니다.

저는 다음 날의 상담 실시 확인서를 퇴근 전에 담임 교사에게 전달한 후, 다음 날 학생이 위클래스 상담할 때 가져올 수 있도록 합니다. 만약 학생이 상담 시간에 늦거나 빠지는 경우는 교내 메신저를 이용해서 담임교사에게 이러한 사실을 전달하고 있습니다. 종이로 보내는 상담 확인서 양식은 해마다 학년 초 배부되는 위클래스 운영계획에 있는 양식을 활용해서 A4 사이즈의 색지를 8등분으로 잘라 만들어 사용하고 있습니다.

학생과 의논한 일정을 늦어도 실시 하루 전 담임교사 및 교과 담당 교사에게 메신저로 안내합니다. 중·고등학교의 경우 교과 담당 교사에게 안내하는 것이 매우 중요합니다. 수행평가 등으로 상담이 불가할 경우 일정을 조정해야 하니까요. 그래서 가능하면 전날 오후에 메신저를 보내고 있습니다. 아침에 메신저를 보내면 교과 담당 교사가 미처 메신저를 못 보고 수업에 들어가는 경우가 있기도 해서요.

학생이 상담 시간에 늦거나 오지 않은 경우, 메신저 등으로 담임교사에게 알립니다. 상담이 끝난 후에 학생이 잘 다녀갔다는 것을 알리기도 합니다. 이때 상담 내용은 보내지 않고 상담 참석 여부에 대해서만 전합니다.

갑자기 발생한 상담은 어떻게 하냐고요? 반드시 유선이나 메신저 등으로 담임교사(중등은 해당 교과교사)에게 알리고 실시합니다. 간혹 다른 교사에 의해 상담실에 오는 학생도 있습니다. 이 경우 동행한 교사에게 꼭 알려 달라고 하거나 잠시 학생과 있어 달라고 하고 담임교사에게 가서 알리고 학생을 상담하기도 합니다. 출결 확인은 매우 중요하거든요. 중·고등학교에서 출결은 특히 예민한 부분입니다. 해마다 학년 초에 사전 안내 없는 상담은 진행되지 않음을 메신저로 알리고 있습니다. 아주 드물게 학생이 수업에 늦거나 안 들어간 경우, 학생이 상담실로 간 것으로 알고 있으면 안 되거든요.

학생이 자신이 싫어하는 교과 수업을 빠지려고 상담을 이용하는 것을 방지하기 위해 반드시 사전에 상담교사와 시간 협의를 하도록 합니다. 상담을 계속 진행하는 경우 매주 같은 시간에 상담이 이루어지지 않도록 학생과 상의하여 상담 시간을 매번 새로 정합니다. 즉, 매주 다른 상담시간표가 나오게 되는 거죠. 이렇게 다음 주의 상담시간표가 정해지면 금요일 퇴근 전이나 월요일 일과 시작 전에 교무실에서 해당 교과교사에게 학생의 상담 가능 여부, 수행평가

계획이나 진도 계획 등을 확인합니다. 계획한 시간에 상담이 어려운 경우 교과 담당 교사나 학생과 상의하여 시간을 변경합니다. 그리고 매일 아침에 그날 상담이 예정된 학생들에게 오픈채팅방을 통해 상담 시간을 다시 공지합니다. 이때 지각이나 결석으로 상담에 참여하지 못하는 학생을 확인할 수 있습니다. 담임교사에게는 매일 아침에 메신저로 해당 학급 학생의 상담이 있음을 알리는데, 이때 학생이 학교에 오지 않은 경우에는 담임교사가 알려 주기도 합니다. 이렇게 하면 상담교사가 영문도 모르고 오지 않는 학생을 마냥 기다리지 않아도 되는 거죠. 집단 상담을 실시할 때는 상담 당일 아침에 해당 교과교사에게 참여 학생들을 메신저로 알립니다. 이런 알림은 학생들이 꼭 참여해야 하는 수업 활동이 있을 때 미리 정보를 주고받아 조치할 수 있다는 장점이 있습니다.

 이러한 방법은 좀 번거로워 보이지만 여러 가지 장점이 있습니다. 학생들이 같은 과목의 수업을 연속해서 빠지지 않게 해서 수업권을 보장해 줄 수 있다는 점, 상담교사의 일정(출장, 행사 등)을 미리 맞추어 상담을 배정할 수 있다는 점, 학생들의 출결 여부를 사전에 확인할 수 있다는 점 등입니다. 무엇보다 교과 담당 교사에게 상담 가능 여부를 확인하는 과정에서 상담교사가 많은 학생들을 돌보고 있다는 것을 모든 교사들에게 인식시켜 주는 효과가 있습니다.

06 위클래스를 홍보해야 하는데 좋은 방법이 있을까요?

위클래스가 어디에 있고, 누가 있고, 어떤 곳인지 알려야죠! 학급별 게시, 포스터, 홍보 물품, 설치물(배너) 등 할 수 있는 걸 다하고 있는데도 아이들이 잘 모른다고요? 그럴 수 있습니다. 위클래스는 모든 아이들이 다 들르는 곳은 아니거든요. 그럼 어떻게 하는 게 좋을까요? 홍보물의 내용은 간단하게! 메시지가 분명하게! 시각적으로! 자세한 내용보다는 위클레스 위치나 마음을 끄는 문구 등이 더 효과적이더라고요. 위치 안내와 격려 문구를 담거나, 상담 신청을 할 수 있는 폼으로 바로 들어갈 수 있는 QR코드 등을 담은 인쇄물 또는 스티커를 활용하기도 합니다. 이때 또래상담반을 활용해 보세요. 포스터를 비롯해 홍보물 배부나 부착은 아이들이

위클래스 홍보

움직이면 효과가 더 좋습니다.

　신입생 오리엔테이션을 할 때 간단한 동영상으로 위클래스 위치나 활동, 상담신청 방법, 또래상담 동아리 활동 등을 홍보하면 효과가 좋습니다. 요즘은 학급별로 톡방이 있으니 각 학급 담임교사에게 위클래스 소개 동영상을 톡방에 올려 달라고 요청하면 올려 줄 거예요. 위클래스 소개 동영상을 제작한다면 1~3분 분량으로 만들어야 합니다. 요즘 학생들은 길면 잘 안 보더라고요.

　위클래스 홍보물은 배너나 현수막, 포스터 등이 있는데, 홍보물을 잘 만드는 것만큼 학생들이 잘 볼 수 있게 하는 것도 중요합니다. 학생들이 자주 다니는 곳에 홍보물을 배치하는 것이 좋은데요, 제가 10년 넘게 홍보물을 부착해 본 결과 제일 효과적인 곳은 급식실 입구였습니다. 그 다음이 화장실 입구더라고요. 위클래스 홍보뿐만 아니라 행사 때도 설치해 보기 바랍니다. 또한 학기 초에 L자 파일에 위클래스 위치나 상담신청 방법을 디자인해서 등교맞이 선물로 배부하는 것도 좋은 홍보가 될 수 있습니다.

저는 캐릭터와 닉네임을 활용하고 있습니다. 신입생 OT를 할 때 교실로 방송되는 화면에 일부러 얼굴을 보이지 않고 저를 나타내는 캐릭터로 홍보했습니다. 아이들이 잘 기억하더라고요. 그리고 딱 하나만 강조했습니다. 올해 OT에서 강조한 내용은 '도움이 필요할 땐 3층의 예쁜 문'이었는데, 아이들이 기억에 남았다고 하더라고요. 그리고 적절한 닉네임을 만들어 활용해 보세요. 저의 닉네임은 '젤리샘'입니다. 교실 프로그램 참여나 위클래스 방문 시 젤리를 주기 때문에 아이들이 붙여 준 이름이에요. 아이들의 기억에 남기는 것으로는 효과 만점입니다. 연령이 낮은 초등학생이나 중학생에게 더 효과적일 거예요.

3월에 임팩트 있는 홍보물로 안내합니다. 위클래스 홍보 포스터를 이용하기도 하고 등교맞이 행사 시 학생들에게 나누어 주는 물품을 활용하기도 합니다. 여러 가지 물품을 사용해 봤는데, 특히 학생들 반응이 좋았던 건 포춘쿠키였어요. 포춘쿠키에 위클래스 위치, 상담신청에 대한 내용이 있는 안내문을 붙여서 나눠 줍니다. 포춘쿠

위클 홍보

키 안에 담을 문구는 포춘쿠키를 주문할 때 업체와 상의하면 됩니다. 문구는 행사의 성격에 맞는 것으로 몇 가지를 정하거나 위로, 용기, 희망을 주는 문구로 하면 됩니다.

새로운 학기가 시작될 때 위클래스를 홍보합니다. 신입생들에게 위클래스의 위치나 도움 받을 수 있는 방법 등을 안내할 필요가 있으니까요. '위(Wee)클래스 이용안내'를 A4 사이즈로 출력하여 각 반에 붙이는데 거기에 상담을 신청할 수 있는 구글 폼으로 연결되는 QR코드와 위클래스 홍보 동영상을 볼 수 있는 QR코드를 같

포춘쿠키 행사

이 넣습니다. 위클래스 홍보 영상은 유튜브에 올려놓고 QR코드로 확인할 수 있게 하면 됩니다. 또 카카오톡 1:1 오픈채팅방을 이용해서 상담 신청을 할 수 있도록 안내합니다. 많지는 않지만 이런 경로로 상담 신청을 하는 학생들이 있어요.

07 1학기말에 정리를 해야 할 때 꼭 챙겨야 할 것이 있나요?

상담 마무리하기 : 상담을 종결하는 것은 아니지만 방학 전에 상담하는 아이들을 한 번씩 만나서 상담을 마무리하는 게 좋겠죠? 상담하는 학생 수에 따라 다르겠지만 6월 말쯤부터는 상담 마무리를 염두에 두고 상담을 진행합니다. 주로 방학을 어떻게 보람 있게 보낼 수 있을지에 대해 물어봅니다. 공부에 대한 거창한 계획 말고 해보고 싶은 것이나 아주 작은 목표를 이야기하는 시간을 가집니다. 학원에 잘 다니기, 한 주에 한 번 방 청소 등 아주 사소한 것이라도 학생이 스스로 정한 거라면 존중하고 응원해 줍니다. 작은 성취감을 느끼는 게 중요하니까요. 학생에게 일단 상담이 마무리된 것임을 알리고 개학 후 좀 지내보다가 필요하면 다시 상담을 신

청할 수 있다고 알립니다.

위기 학생 관리 : 위기 상담을 하던 아이들의 담임교사에게 방학 중 주 1회라도 연락해 볼 것을 한 번 더 안내합니다. 방학 중 필요한 경우 연결할 수 있는 상담기관 연락처, 상담교사와의 오픈프로필 안내를 다시 합니다. 연락할 수 있는 곳이 있다는 것은 심리적 안정감을 주는 효과가 있습니다. 학생에게 필요하다면 외부기관에 연계해 줍니다.

상담기록 점검하기 : 1학기 상담기록이 나이스에 잘 올라가 있는지 확인하고 상담 대장, 실적 기안도 합니다. 되도록 상담기록과 기안이 밀린 채로 2학기를 맞이하지 않는 것이 상담자의 심리적 부담을 줄이는 데 도움이 되더라고요.

08 2학기 시작할 때 따로 챙겨야 할 것이 있나요?

내담자 만나기 : 2학기에 우선 상담을 진행해야 할 학생들을 확인해서 다시 만날 수 있도록 계획하고 안내합니다. 특히 위기 학생이라면 빠르게 만날 수 있도록 계획을 세우는 것이 좋겠죠. 학생을 만나기 전에 담임교사를 통해 요즘 학생이 어떤지 살피고, 위클래스로 안내하는 것이 좋더라고요. 학생정서행동특성검사 결과 관심군 학생들의 연계, 상담 등 1학기에 마무리하지 못한 것이 있다면 2학기 초에 마무리할 수 있도록 계획을 세워야 합니다.

일정 챙기기 : 2학기가 시작되면 바로 학부모 상담 주간 운영 준비를 해야 합니다. 그 외에 2학기에 위클래스에서 운영해야 할 행

사를 미리 살펴보는 것이 좋습니다. 학교마다 조금씩 다르지만 2학기에 위클래스에서 운영할 수 있는 행사로 또래상담주간, 친구사랑의 날, 애플데이, 학교 축제 부스 운영 등이 있습니다. 미리미리 계획을 세워 놓는 것이 좋겠죠. 타부서의 행사와 일정이 겹치지 않는지 확인하는 것도 잊지 마세요.

예산 확인하기 및 운영계획 세우기 : 2학기 시작시점에 꼭 점검해야 할 부분은 운용하고 있는 예산입니다. 위클래스의 예산은 학교 예산에서 배정받은 교비와 여러 가지 사업 공모에 참여하여 교육청으로부터 지원받은 사업비가 있습니다. 학교 예산은 다 사용하지 못해도 추경을 통해 다른 부분에서 활용하게 되니 큰 어려움이 없지만, 일반적으로 목적사업비는 사업의 목적과 용도에 맞게 사용하도록 되어 있고 다음 해로 넘기거나 반납하기 어려운 경우가 많습니다. 그래서 사업 운영계획에 따라 예산 사용 계획을 미리 세워 놓는 것이 좋습니다. 목적사업을 운영하는 경우라면 사업비의 보고 기한과 남은 예산을 꼭 점검해 두세요. 건망증이 심한 저는 사업별 별도 양식을 정해서 점검하고 있습니다. 사업별로 예산운영계획서를 만들어 활용해 보는 것도 도움이 됩니다. 혹시 사용할 예산이 부족한

예산 사용 계획(예시)

(단위: 천원)

항목	산출근거		계
운영비	1) OOO 운영강사비	2회×250,000	500,000
	2) 캠페인	500,000×2회	1,000,000
	3) 재료비	4,000×200명@200,000	800,000
업무추진비	4) 학급단위활동 간식비	100,000원×2회	200,000
합계			2,500,000

사업명 : 2022 OOO학교 ·······운영 계획 [정산일: 월 일]

※ 유의사항: 시설 구축, 기자재(비품) 구입, 정기적인 강사비 지출 불가(단, 일회성 강사비는 지급 가능)

항목	재정	예산 운영 내용					
		결재일	내용 또는 기안제목	품의금액	실지출액	잔액	비고
1)OOO운영 강사비	500,000						
2)캠페인	1,000,000						

예산운영계획서 예시

경우 타부서에서 예산을 받아올 수 있는지 알아보는 것도 좋습니다. 꼭 필요하다면 행정실과 상의한 뒤 절차를 거쳐 교비를 추가로 받아서 사용할 수도 있습니다.

09 학년말에 잊지 말아야 할 것이 있다면요?

상담 종결 : 가능한 마무리 회기를 하고 '일단 종결' 상담을 합니다. 대부분의 아이들이 새 학년에는 다른 모습으로 학교에 오고 싶어하거든요. 그러니 올해의 상담은 일단 마무리하고 스스로 잘 지내보도록 응원해 줍니다. 그리고 필요하다면 언제든 다시 상담을 진행할 수 있다고 알려 줍니다. 상담 기록 올리기와 마감 등도 빠뜨리면 안 되겠죠?

정서행동특성검사 후속 조치 마무리 : 상담교사마다 각자의 방법이 있겠지만 저는 관심군 학생을 지속 관리하는 상담파일을 만들어 각 학년 담임교사에게 정서행동검사 후에 배부하고 12월경에 회수합니다. 파일을 배부할 때는 관심군(일반)은 분기별 월 1회 이상, 관심군(우선)은 월 1회 이상 상담하고 기록하도록 권고합니다. 파일은 학년말에 회수하여 결재하고 내년에 담임교사에게 연계할 수 있도록 정리합니다. 이때 졸업생별 상담관리파일은 PDF파일로 받아 전자문서화하는 것을 추천합니다.

위클래스 꾸미기 : 1년을 마무리하는 시기이다 보니 남는 예산이 생깁니다. 이때 남은 예산을 이용하여 위클래스 꾸미기를 시도해 볼 수 있습니다. 행정실장과 잘 상의하면 도움을 받을 수 있어요.

사업보고 준비하기 : 연말에 한 해 동안 했던 사업을 정리합니다. 간단한 사진과 보고 자료를 미리 준비하는 센스! 행사 때마다 날짜별로 폴더를 만들고, 그 안에 사진이나 계획서 등을 넣어 두면 나중에 보고 준비하기 쉽습니다. 이때 행사 때마다 느낀 점을 모으세요. '아! 이렇게 할걸' 싶었던 점들을 모아 두면 다음 해에 매우 좋은 자료가 됩니다.

학생 상담자료 정리하기 : 수기로 상담일지를 쓴다면 상담일지를 보관 장소에 옮겨야겠죠. 저는 상담일지는 파일로 작성하지만, 학생들을 상담하다 생기는 보조 자료들은 학생별 L자 파일에 넣어 두고 해마다 졸업하는 학년의 파일을 모아 보관 장소에 둡니다. 꼭 L자 파일이 아니어도 A4 클리어파일이나 종이파일 등 관리하기 편한 방법으로 하면 됩니다. 어쨌건 학생 상담 시 발생한 자료라 10년을 보관해 두어야 하니까요. 전자문서화된 상담대장은 문서에 암호를 걸어서 업무시스템 결재를 해둡니다. 파일 전체가 암호로 처리되어 있어서 비번이 있어야 열람이 가능합니다.

내년 예산 세우기 : 학년 말은 다음 해의 예산을 성립하는 시기이기도 합니다. 학교 자체 예산은 물론이고 다음 해에 진행되는 각종 공모사업 공문이 내려오는 시기이기도 하죠. 학교 예산을 신청할 때 위클래스 운영을 위한 물품과 비품 구입은 일반수용비로, 강사와 교사의 협의를 위한 협의회비는 업무추진비로, 행사활동, 상담활동, 또래상담운영 등 학생활동을 위한 것은 교육운영비로 나누어 신청하면 됩니다. 내가 쓰고자 하는 예산이 어느 비목에 속하는지는 행정실에 문의하면 됩니다. 학교 예산은 전년도 예산을 참고하여 필요한 만큼 가감해서 신청할 수 있습니다. 예산을 더 확보하고 싶을 때에는 다음 해의 위클래스 운영을 미리 잘 계획해서 행정실장님과 상의한 후 적절하게 예산을 신청하면 됩니다.

10 도움 받을 수 있는 기관을 알고 싶어요

상담하다 보면 협력이 필요하고 도움 받아야 할 일들이 생깁니다. 각 지역 내에서 위클래스와 협력할 수 있는 기관들이 많습니다. 위클래스에서 지원할 수 없는 다양한 도움을 지역 기관으로부터 받을 수 있어요. 대표적인 기관으로 청소년상담복지센터, 각 시·도건강지원센터, 행정복지센터, 교육청 위(Wee)센터 등이 있어요. 이 밖에 소아 청소년을 전문으로 하는 정신과 병·의원 등도 알아 두면 좋습니다. 각 기관의 담당자와 전화번호 등을 목록으로 만들어 놓으면 빨리 찾아볼 수 있어요. 2월에 각 교육청에서 발송해 주는 '위(Wee)센터 운영계획'에서 제공하는 지역별 기관 안내문을 출력해서 붙여 놓는 것도 좋습니다.

■ 상담 관련 유관기관 및 업무 관련 업체 연락처 ■

기 관		담당자	전화번호	업 체	담당자	전화번호
00시 위(Wee)센터	TEL			****		
	FAX			00문구	TEL	
00시 경찰서					HP	
00시 정신건강증진센터	TEL					
	FAX					
00청소년 상담복지센터	TEL					
	FAX					
00병원형 위(Wee)센터						

연계기관 목록표 예시

연계기관에서 도움 받을 수 있는 것들

1) 지역교육청 위(Wee)센터

가. 학생 상담 및 심리 지원

- 정서행동특성검사 2차 검사 및 상담
- 위기 학생 상담 및 심리검사 지원(학교 의뢰 시)
- 학교폭력 심리치료 및 가해·피해학생 상담 지원
- 학업중단숙려제 교육활동 지원
- 정신과 자문의 프로그램 운영(교육청에서 공문으로 안내)
- 기타 교육청별 다양한 상담 프로그램 운영(교육청에서 공문으로 안내)
- 먼저 교육청에 문의한 후 의뢰 절차를 진행하는 것이 좋음.

나. 특별교육

- 학교폭력 가해자 학생 및 학부모 특별교육 운영기관

다. 위(Wee)클래스 지원

- 위(Wee)클래스 컨설팅(학교 신청 시)
- 단위학교 위기 사안 발생(자살 사안 등) 시 위기상담 지원

라. 위기학생 지원

- 정신건강 고위험군 치료비 지원: 각 교육청별로 지원 금액과 조건이 상이할 수 있으니 교육청에 문의 후 진행

2) 시도교육청 자살시도 및 정신건강 고위험군 학생 치료비 지원

- 사업주체: 교육부
- 대상: 자살시도 및 정신건강 고위험군 학생

-지원금액: 해마다 지원 항목 및 지원 금액의 변동이 있으므로 반드시
     공문을 확인하고 담당자에게 문의한 후 진행

  3) 병원형 위(Wee)센터
    -대상: 심리적 치유가 필요한 학생으로 학교생활이 어려운 학생
    -대안교육 위탁기관이므로 출석 인정이 됨.
    -대안교육 위탁서류는 담임교사가 작성, 기안(교무부장 결재: 학적사항
     관련)
    -시·도교육청에서 관련 공문이 발송되고 지역의 병원형 위(Wee)센터
     에 문의하면 안내를 받을 수 있음

  4) 청소년상담복지센터
    -청소년 동반자(1:1 개인상담 및 심리지원 서비스)
    -학교와 가정 등으로 찾아가는 상담 및 청소년상담복지센터 내방 상담
    -본인 및 보호자 직접 신청, 학교에서 공문으로 의뢰 신청
    -행정복지센터, 의정부건강복지센터, 위(Wee)센터 등과 연계 협력 기관
    -자체 체험프로그램 및 집단상담 프로그램 운영
    -또래상담자 교육 및 관련 프로그램 운영기관

  5) 정신건강복지센터
    -정신건강 관련 지원
    -초기 진단검사 및 병원 연계 및 관리 지원

-정신건강증진교육 운영(무료)

-생명존중교육(생명지킴이 양성교육) 운영

6) 행정복지센터

-저소득층 지원

-교육복지실이 있는 경우 교육복지사가 주로 연계

7) 기타

-지역 내 소아 청소년 정신의학과 병원

-체험활동을 할 수 있는 기관: 바리스타교육, 제과제빵교육, 체험공방 등

3장

스마트한 위클래스 운영하기

스마트한 위클래스 운영하기

뭐니 뭐니 해도 학교상담에서 가장 중요한 것은 '상담'입니다. 그런데 상담이라는 것이 학생과 만나서 이야기만 하면 되는 것이 아니죠. 상담을 잘하기 위해서 상담 전에 먼저 준비해야 할 것도 많고, 상담을 한 후에는 상담일지 작성, 차기 상담 계획 등 1시간의 상담을 위해 해야 할 것이 제법 많습니다. 그런데 공공기관인 학교는 상담의 기록, 보관, 관리 등에 대한 절차도 필요하고 상담을 진행할 때 학생의 출결에 대한 사항에도 신경을 써야 합니다. 또 정서행동특성검사 후 위기학생 상담과 같이 내 의지와 상관없이 학교라는 시스템 안에서 이루어지는 일도 처리해야 하죠. 생각보다 이런 상담 전후의 업무가 복잡하고 어렵게 느껴지기도 합니다. 이 장에서는 이런 상담 전후의 업무를 하면서 시행착오를 겪은 우리들의 위클래스 운영 꿀팁들을 풀어 보고자 합니다. 끄트머리에는 위클래스에서 사용할 수 있는 요긴한 용품도 소개해 드릴게요.

01 상담일지를 어떻게 기록하고 보관하면 좋을까요?

학교상담이라면 적어도 누가 몇 번의 상담을 받았는지와 간단한 영역 정도는 남아 있어야 된다고 생각합니다. 상담 자료는 공공문서로 분류되기 때문에 공공기록물관리법에 의거해서 10년간 관리해야 합니다. 우리가 지금까지 상담일지를 관리해 온 방법을 함께 나누어 보려 합니다.

학생 개인 사례번호 부여하여 관리하기

나이스에 상담 내용을 입력할 때에는 학년, 반, 번호, 이름 등 학생을 특정할 수 있는 내용을 노출시킬 수 없습니다. 학생에게 사례번호를 부여하고 사례번호를 입력하는 것은 가능합니다. 그래서 상담하는 학생을 사례번호로 관리하고 있습니다. 추후 학생에 대한 상담 조회 시 사례번호를 확인하면 됩니다. 그리고 후임자에게 사례번호 파일만 남겨 주면 됩니다.

사례번호를 만드는 방법은 정해져 있지 않습니다. 저는 입학생의 경우 전체 명단을 받아 모든 학생들에게 미리 사례번호를 부여하고 있습니다. 그리고 상담하는 학생의 번호를 찾아 사용합니다. 학년이 올라가면 상담일지를 이관하는 것처럼 바뀐 학년, 반을 학적계에서 받아 다시 정리해 놓습니다. 전체 학생의 사례번호 파일은 학생 재학 중에 사용한 후 폐기하고 상담한 학생들의 사례번호만 따로 표로 만들어 둡니다.

사례번호는 상담 신청 순서대로 만들어도 됩니다. 각자 관리하기 편하고 나중에 필요할 때 찾아볼 수 있는 방식으로 만들면 됩니다. 이렇게 사례번호를 만들어 나이스에 적으면 인적사항을 노출시키지 않고 상담기록을 관리할 수 있고, 그 자체로 상담대장으로 활용 가능하며, 필요한 경우 몇 회기의 상담을 했는지도 알 수 있습니다.

학생별 파일 보관하기

상담신청서, 일지, 동의서, 검사 등을 학생별로 L자 파일에 넣어 학년별로 학급이 표시된 서류함에 보관하고 있습니다. 학년 진급 시 해당 학급 칸에 넣는 식으로 보관하다가 졸업하면 연도별로 보존 기한과 폐기년도를 표시한 후 보관 상자에 넣어 기안하고 이관하면 됩니다. 해당 연도의 정서행동특성검사결과 관리대장도 넣어 두면 폐기년도에 함께 폐기할 수 있습니다. 이관할 때 이중 잠금이 가능한 장소에 보관하도록 유의하고 있습니다.

전자문서화하기

최근에는 파일을 전자문서화하고 있습니다. 상담 시 메모한 기록은 보조 장부이니 폐기하고 상담대장을 활용해서 상담 내용을 기록하고 있습니다. 검사자료 등은 필요 시 스캔해서 개인별 폴더에 넣어 둡니다. 전자문서화한 파일은 어떻게 보관하냐고요? 암호화해서 파일로 보관하고 파일명과 경로를 기안하거나 업무관리시스템에 상담교사 전결로 올리는 방법이 있습니다. 기한이 지나면 자동 삭제되니 참고하면 될 것 같습니다. 이때 교무부의 전결규정을 확인하고, 상담일지를 상담교사 전결로 하는 것에 대한 내용을 전결규정에 포함하는 것이 선행되어야 합니다.

02 나이스에도 꼭 상담을 기록해야 한다는데 일지와 별도로 해야 하나요?

상담대장을 따로 만들고 나이스에 하나하나 입력하는 경우가 많은데요, 두 가지를 한꺼번에 해결할 순 없을까요? 나이스에 상담현황을 일괄 입력하는 방법과 나이스 양식을 활용한 상담대장 작성 팁을 알려드리겠습니다. 4세대 나이스에 입력하는 방식으로 간단 기록 및 상담대장을 활용할 수 있습니다. 우선 상담현황을 기록하는 것부터 살펴보고 이어서 나이스 양식 활용 방법을 소개하겠습니다.

많이 쓰는 방식은 상담현황에서 한 건씩 입력하는 것입니다.

[상담현황(관리자)] ⇨ [Wee클래스] ⇨ [조회] ⇨ [등록]

이렇게 한 후 상담대장을 보고 한 건씩 넣게 되죠. 이때 상담 내용의 앞부분이 제목으로 표시됩니다. 그런데 한 건 한 건 넣는 일이 불편합니다. 이럴 때 입력 양식을 활용해 한꺼번에 올리는 기능을 써 보세요.

- [상담현황(관리자)] ➪ [조회] ➪ [양식 내려받기]
- 양식에 입력 후 [상담현황(관리자)] ➪ [조회] ➪ [자료 올리기]
- 양식 입력 시 주의 사항: 다른 파일에서 복사한 내용은 올리기에서 오류가 나오는 경우 많음
- 상담날짜는 '-' 없이 여덟 자리 숫자만(예: 20230701) 입력, 상담 제목과 내용은 복사해서 붙여도 상관없음

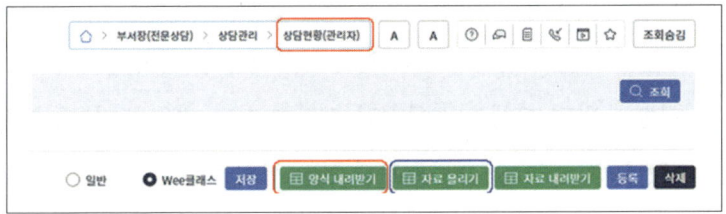

나이스 양식 내려받기

'양식 내려받기'를 통해 한 건씩 입력했던 내용들을 파일로 옮기면 한꺼번에 자료 올리기가 되니 하나씩 입력할 때보다는 좀 더 수월합니다. 한 달 치든 그 이상이든 한꺼번에 순서대로 올라

갑니다. 참 편리하죠. 그러나 여전히 상담대장 따로 나이스 양식 따로 작성해야 하는 번거로움이 있습니다.

그럼 한꺼번에 해보면 어떨까요? 내려받은 양식은 엑셀파일로 저장되기 때문에 상담대장으로 충분히 활용할 수 있습니다.

나이스 양식을 활용한 상담대장

나이스에서 '양식 내려받기'를 통해 받은 기본 양식에 '열 삽입' 기능으로 예시와 같이 A~H에 해당하는 내용을 넣었습니다. 빨간 박스로 표시된 부분이 새로 삽입된 내용입니다. 원래 틀을 유지한 채로 앞에 원하는 만큼 열을 삽입하면 됩니다.

이렇게 하면 학생 인적사항과 간단한 상담 내용을 기록한 상담대장을 만들 수 있습니다. 교내 상담 실적을 보고할 때는 가려야 할 부분의 글씨를 흰색으로 하여 PDF로 저장해서 결재합니다. 나이스에 올릴 때는 A~H열, 즉 새로 삽입한 부분을 다 삭제한 후 '새 이름으로 저장'을 한 다음 '자료 올리기'를 통해 올리면 아무 문제없이 날짜순으로 입력이 됩니다. 연습해 보면 생각보다 간단합니다. 선생님의 방식대로 만들어서 활용해 보세요.

03 상담을 시작하기 전에 준비해야 할 것이 있을까요?

내가 쓰던 위클래스라도 필요한 것, 버려야 할 것 등을 정리해 놓을 필요가 있죠. 만약 새 학교를 배정받았다면 둘러볼 것이 더 많습니다.

- **물품 확인하기** : 먼저 위클래스에 어떤 물품이 있는지 확인을 해야 무엇이 더 필요한지, 있는 물건들을 어떻게 활용할지 계획을 세울 수 있어요. 색연필, 사인펜, 연필, 필기도구 등 기본적인 물품들의 상태와 양을 체크하고 구입해야 할 것들의 목록을 만들어 놓으면 나중에 물품을 구입할 때 빠뜨리지 않을 수 있어요. 아울러 어떤 검사지가 얼마나 있는지 확인해 놓는 것도 잊지 마세요. 위클래스에서 사용할 수 있는 예산을 확인해 놓는 것이 중요해

요. 그래야 예산을 어떻게 사용할지, 필요한 물품은 무엇으로 얼마나 구입할지 미리 계획을 세울 수 있어요.

• **상담을 위해 필요한 서류 준비** : 상담을 시작하기 전에 상담에 필요한 서류들을 점검해 봐야 합니다. 상담동의서, 상담기록지, 상담일정표 등 출력해 놓아야 할 것들은 미리 준비해 놓고, 양식을 다듬어야 할 것들도 미리 점검해 놓으면 좋아요. 또한 자주 사용하는 검사지, 학부모 면담 등에 사용할 다과나 차 등도 미리 확인하고 준비해 놓아야 해요.

상담 예약 및 실시 시간표 예시

• **주 상담 도구 준비** : 내가 주로 사용하는 상담 도구도 점검하고 준비해 둡니다. 감정 카드, 이미지 카드 등 상담 도구와 미술치료, 모래놀이치료 등 매체 치료 도구도 점검해 둡니다. 이전에는 주로 모래놀이치료를 했는데, 새로운 위클래스는 미술치료 위주로 세팅되어 있을 수도 있죠. 원하는 대로 다 바꿀 수는 없으니, 기존 것들을 어떻게 활용할지 계획을 세워 위클래스를 정비해야겠죠.

- 필기도구(연필 포함) 와 채색도구 등
- 상담동의서, 상담신청서, 상담기록지, 일정표 등
- 검사지(자주 사용하는 검사지, 학부모 면담에 사용할 검사지 등)
- 감정 카드, 이미지 카드 등

• **위클래스 새 단장하기** : 이미 구축된 공간이 마음에 딱 들 수 없습니다. 그렇다고 그냥 쓸 수도 없죠. 옮길 수 있는 가구는 원하는 대로 옮기고 불필요한 것들은 불용처리가 가능한지 행정실에 문의한 후, 가능한 것들은 치우면 됩니다. 인테리어가 너무 낡아서 리모델링을 하고 싶지만 그럴 수 없다면 전체적인 계획을 세워놓고 조금씩 바꾸면 됩니다.
예를 들면 올해는 문과 몰딩, 책상 상판 등에 시트지를 붙여 분위기를 바꾸고 내년에는 벽에 페인트를 새로 칠하고 필름지를 이용해 꾸미는 등 2~3년 계획을 세운 뒤 하나씩 바꿔 볼 수 있습니다. 행정실장과 상의하고 열심히 알아보면 쓸 수 있는 예산이 생기기도 합니다. 이런 예산은 주로 연말에 끌어올 수 있으니 미리미리 행정실장에게 "이런 것이 필요해요."라고 협의해 두는 것도 좋은 방법입니다. 돈이 많이 드는 맞춤 가구 등을 한꺼번에 구입하기 어려울 때는 저렴한 시판용 가구를 색상 맞추어 구입할 수도 있습니다. 대체로 흰색을 선택하면 무난하게 맞출 수 있습니다.

뭔가 구비해 두려고 했는데 뭐였는지 기억나지 않다가도 주변의 상담선생님들과 이야기하다 보면 떠오르기도 합니다. '우리도 해 봐야겠다!' 싶은 아이디어도 생기고요. 품의하면서 빠뜨리지 않기 위해 한쪽에 종이를 붙여 놓고 생각날 때마다 구입할 것을 적습니다. 스마트한 여러분은 태블릿이나 메모판 등을 활용하면 좋을 것 같아요.

04 정서행동검사 관심군 상담을 어떻게 준비해야 할까요?

4월 중순쯤 되면 학생정서행동 1차 검사가 마무리되고 관심군 학생의 명단이 정해집니다. 그럼 위클래스로 관심군 학생 상담 의뢰가 진행됩니다. 이때 담임교사로부터 학생상담의뢰서를 받아 상담을 진행하면 됩니다. 첫 상담 시 일반상담과 똑같이 학생과 상담동의서를 작성한 다음 상담을 진행하게 됩니다. 자살위험군 학생에게는 정서행동검사에서 자살위험군으로 분류되었다는 내용을 정확하게 말하고 자살이나 자해에 관한 내용을 직접적으로 물어보는 것이 오히려 좋습니다. 이 상담을 통해 상담이 지속적으로 이어지는 경우가 많이 있으니 첫 만남에서 어려움을 극복할 수 있게 도와주는 상담교사의 이미지를 학생에게 심어 주면 좋겠죠.

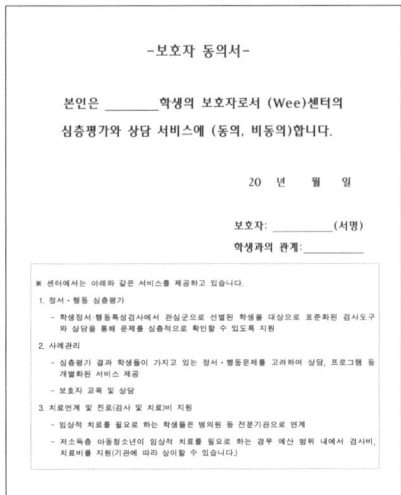

보호자 동의서 예시

    2차 심층평가 의뢰기관을 미리 확인해 놓고 의뢰 서류(제3자 정보제공동의서, 2차 심층평가동의서-교육청 위(Wee)센터에서 서식 제공) 등을 미리 준비해 놓으면 2차 심층평가 의뢰 진행할 때 좋습니다. 2차 심층평가 의뢰에 대해 보호자가 동의하지 않을 때에도 비동의에 대한 서류를 남겨 놓는 것이 필요합니다. 따로 서류를 만들기보다는 보호자 동의서에 동의, 비동의 여부를 체크할 수 있도록 해 놓으면 됩니다.

    전출생의 경우 전입교에서 정서행동특성검사 결과를 요청할 수 있습니다. 이때 전입교에서 해당 학생 및 학부모의 정보제공

동의를 받았는지 확인한 후 동의서와 함께 공문으로 요청하도록 되어 있습니다. 그래서 본교 전입생의 경우 학생의 자료 요청을 위해서 학적 담당자에게 정서행동특성검사와 관련된 정보제공 동의서를 받아 두도록 협조를 받고 있습니다.

만나야 할 아이에 대한 사전 자료를 세밀하게 준비해 두고 만나면 첫 상담이 더 의미 있게 진행되더라고요. 관리대장과 검사결과지를 분석한 자료를 갖고 아이들을 만나면 훨씬 밀도 있는 초기 상담이 되

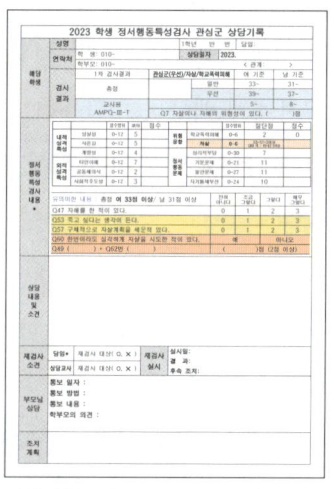

정서행동특성검사 관심군 상담 양식 예시

지 않을까요?

저는 1회차 상담을 위해 양식을 만들어 쓰고 있습니다. 학생들이 위험 문항에 대해 어떻게 응답했는지를 살펴보고 자살 생각이나 정도에 대해 물어볼 수 있습니다. 내적성격특성과 외적성격특성을 활용하면 학생의 강점을 이야기하면서 상담할 수 있고 이 과정에서 검사 오류가 발견되기도 합니다.

학생정서행동특성검사 및 관리 매뉴얼에 따르면 관심군 학생에 대해서는 후속 조치 및 지속 관리를 하도록 되어 있습니다. 따라서 관심군 학생들이 졸업할 때까지 관리하기 위한 방안을 세워 둘 필요가 있습니다. 이에 저는 관심군 학생별 상담누가기록을 할 수 있는 담임교사용 파일을 만들어 담임교사에게 배부하여 활용하도록 하고 있습니다. 개인 파일은 학년말에 담임교사 소견을 적어서 위클래스에 제출하도록 하고 있습니다.

위클래스에서는 관리대장을 만들어 해당 학생에 대한 파일(외부기관연계 동의서, 개인정보활용 동의서, 심리검사 파일 등) 및 상담누가기록 등을 관리하고 있습니다. 이렇게 관리된 학생상담 파일(담임교사, 위클래스)은 학년말 결재를 받아 보관하다가 다음 해 담임교사에게 개별로 연계하고 있습니다. 학년이 올라가면서 대부분의 관심군 학

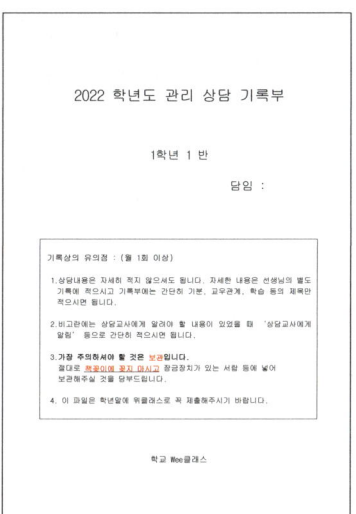

관심군 학생 상담 누가기록부 예시

생은 잘 지내게 되지만 더욱 주의 깊게 봐야 하는 학생도 있습니다. 그래서 담임교사에게 관심군 학생은 지침에 의해 관리되어야 한다는 점을 알립니다. 그리고 해당 학생이 낙인찍히지 않도록 주의해서 관리해야 한다고 안내합니다. 졸업 후 이 파일은 상담일지와 함께 보관 자료로 이관합니다.

05 외부기관과 상담 연계를 할 때 학생의 출석 인정에 대해 알고 싶어요

출결 규정을 알면 당황하지 않고 내담자나 보호자, 학생들이 궁금해하는 출결에 대한 물음에 쉽게 답할 수 있습니다. 근무 학교의 출결 규정을 살펴봐야 하는데, 교무부에 문의하여 학년 초에 수립된 출결 규정을 참고하면 됩니다. 대개 학교장의 사전 결재를 받은 내용이라면 출석 인정이 됩니다.

학생정서행동특성검사 결과에 따른 2차 연계나 의뢰로 인한 경우

당해 학생정서행동특성검사 실시 지침의 출결 부분은 해마다 확인하기 바랍니다. 2024년도 지침에서는 다음과 같이 명시되어 있습니다.

> 10. 불가피하게 학교 일과 중 전문기관 방문 조치가 필요한 경우 학교장의 허가를 받아 출석 인정 처리할 수 있음
> - 학년 초 학교 기본계획 수립 시 포함
> - 단, 이미 치료 중인 문제로 인해 일과 중 전문기관 방문이 필요한 경우에는 '질병으로 인한 결과'로 처리
> (경기도00교육청 2024 학생정서행동특성검사실시계획 중)

중요한 것은 학교장의 허가를 받아 출석 인정으로 처리할 수 있다는 내용입니다. 출석 인정 기안을 할 때는 담임교사-학년부장-교무부장-교감-교장 등 학교 실정에 맞게 결재를 받으면 됩니다.

● **참고사항** : 이때 의뢰된 학생이 추후 병원 치료 및 상담을 진행하는 경우는 질병 처리가 가능하다는 것을 학생과 학부모, 담임교사에게 미리 안내해 주세요. 진단서가 필요합니다.

간혹 기안에 대해 문의하는 경우가 있어서 덧붙입니다.

```
제목   202X학년도 학생정서·행동특성검사 결과에 따른 2차 심층평가 의뢰
1. 관련: 경기도교육청 학생건강과-2024(2024.0.00.)
         000학교-****(2024.0.00.)
2. 2222학년 학생정서·행동특성검사 결과에 따른 2차 심층평가를 아래와 같이 의뢰합니다.
```

번호	학년반	성명(성별)	정서행동특성검사결과	학부모 동의	000교육지원청 Wee센터 방문 방문일정
1	*-*	***(여)	관심군(일반)	동의 (학부모 동행)	2222.0.00.(화) 오전 10시
2	*-*	***(남)	관심군(일반)	동의 (학부모 동행)	2024.0.00.(화) 오후 2시
3	*-*	***(남)	관심군(우선)	동의 (학부모 동행)	2024.0.00.(화) 일정이였으나 학교일정으로 추후 논의예정

<비고> 000교육지원청 wee센터 주소 : ☎ 031-000-0000

```
3. 출결관련: 전문기관 의뢰 방문일자 - 출석인정(결과) 처리
   000교육청 학생건강과-0000(20**.*.**.)호에 의거
   <불가피하게 학교 일과 중 전문기관 방문 조치가 필요한 경우 출석인정(결과)
    처리할 수 있음.>

붙임  1. ****년도 정서행동 2차 심층평가 의뢰서 3부.
      2. ****년도 정서행동 2차 외부 심층평가 보호자 동의서 3부.  끝.
```

정서행동 2차 심층평가 의뢰 공문 예시

우울이나 자살 위험이 있는 학생들이 정신과적 치료 및 진단을 받은 경우

대개는 질병결석으로 인정됩니다. 이때 진단서를 병원에서 받아올 때 방문 당일 말고 치료에 필요한 기간을 명시해 적어서 올 수 있도록 안내하면 향후 질병처리에 수월합니다. (진단서 내용에 치료에 필요한 기간을 명시하면 보호자가 질병 결석, 조퇴 증빙 자료를 매번 제출하지 않을 수 있습니다.)

- **주의사항** : 학생 상담 시 출결에 관련된 상담을 하게 된다면 혹시라도 학생이 "상담선생님 이렇게 된다고 했어요."라고 해서 담임교사와 혼선이 발생하지 않도록 해야 합니다. 출결 관련 모든 것은 학생이 담임교사와 한 채널로 소통할 수 있도록 하세요. 잊지 마세요. '출결은 담임선생님'입니다.

06 온라인 위클래스는 꼭 운영해야 하는 건가요?

각자 편리한 방식으로 온라인 위클래스 영역을 구축해 두면 생각보다 쓸모가 있습니다. 앞으로는 메타버스를 활용한 상담도 늘어날 것 같아요. 중요한 건 내담자와 상담자가 쓰기 편하고 접근하기 쉬우면 된다는 거죠.

오픈채팅방 활용법

- 상담 신청

- 개인 상담자와 소통(상담 일정, 간단한 상담, 조언, 안부 등)

- 심리검사(링크 연결)

- 프로그램 운영(홍보하기, 설문지 통한 참여 등)

제가 주로 쓰는 방법은 오픈프로필을 활용한 오픈채팅입니다.

학년별 오픈채팅방을 만들었는데, 1학년의 경우 학급별 오픈채팅방을 만들어 프로그램 운영, 안내, 홍보 등으로 활용하고 있습니다. 오픈채팅방의 참여자를 늘리고 싶다면 입장 이벤트를 해 보세요. 효과가 좋습니다. 상담자의 오픈프로필로 1:1 대화방을 만들 수도 있습니다. 내담자와의 1:1 대화방에서 내담자와 필요한 소통을 하기도 하고, 학부모 상담 신청을 받거나 학부모와 간단한 소통을 하기도 합니다. 단 참여자는 실명으로 들어오게 합니다. 그래야 참여자 선물도 주고 채팅방에서 불미스러운 일이 생기지 않게 사전 예방을 할 수 있습니다. SNS를 활용하는 경우, 아래의 내용에 유의하세요.

SNS 활용 시 유의사항
- 개인 계정이 노출되지 않도록 하고, 상담교사의 사생활과 개인 정보도 보호받아야 함
- 검색 허용 비활성화하고, 해당 계정은 근무 학교의 학생들을 대상으로 함

오픈채팅을 활용한 상담의 설명서를 보려면 옆의 QR코드를 열어 보세요.

상담하는 학생들의 일정 조정과 위급한 상황 시 연락 수단으로 오픈채팅방을 사용하고 있습니다. 학년 초 각 학급에 부착하여 게시하는 '위클래스 이용안내'에 오픈채팅방을 이용하여 상담 신청하는 방법과 관련 QR코드를 소개해 놓아서, 오픈채팅방을 통한 상담 신청이 가능합니다. 단, 상담 신청을 할 때에는 학년, 반, 번호와 실명을 기재하도록 합니다. 이렇게 해야 외부 사람이 들어오거나 장난으로 이용하는 것을 차단할 수 있습니다.

07 위클래스에 구비해 놓으면 유용한 물품이 있나요?

문서재단기 : 위클래스에서는 행사 준비 등 종이를 잘라서 하는 일이 많이 생깁니다. 커터칼과 자만 있어도 되지만 잘못하면 손을 베일 수도 있고 여러 장을 준비하다 보면 손목과 팔에 무리가 가기도 합니다. 이럴 때 유용한 것이 바로 문서재단기입니다. 작두 형식으로 된 것은 한꺼번에 많은 양을 자를 수 있지만 손을 다칠 수 있습니다. 커터날 형식은 작두 형식에 비해 적은 양을 여러 번 재단해야 하는 번거로움이 있지만 안전한 편입니다.

MAX 스테이플러(HD-50F) : 가끔 10장 이상의 종이를 묶으려 하는데 일반 스테이플러로는 어려운 경우가 있습니다. 여러 가지 방법을 사용해 봤지만 이 스테이플러 하나면 웬만한 종이는 묶을 수 있습니다. 일반 스테이플러에 사용하는 33호 심을 그대로 사용할 수 있는 것도 장점입니다.

자석제침기 : 위클래스에서 발생하는 문서의 대부분은 문서재단기로 파쇄해야 합니다. 이때 스테이플러 심을 제거하기 위한 제침기가 있으면 좋습니다. 여러 가지 제침기를 써 봤는데 자석제침기가 편하더라고요. 문서를 파쇄할 때는 어떤 것을 써도 괜찮지만, 스테이플러 심을 제거하고 문서를 빼거나 추가해서 다시 만들어야 할 때 자석제침기를 쓰면 종이에 스크래치를 덜 남기고 심을 제거할 수 있어요.

문서파쇄기 : 요즘은 개인정보 유출을 철저히 관리하기 때문에 대부분의 위클래스에 문서파쇄기가 있겠지만, 혹시 구비되어 있지 않다면 1순위로 구매하길 추천합니다. 대부분 교무실에 문서파쇄기가 있지만 파쇄할 문서가 발생할 때마다 일일이 문서를 가지고 교무실에 가서 처리하기에는 번거롭고, 모아서 처리하자니 유출 위험도 있습니다. 위클래스에서는 생각보다 많은 문서를 처리해야 하기 때문에 가정용보다 처리 용량이 넉넉한 것으로 구입하길 권해요.

편의점 파라솔 및 의자 : 행사 시 파라솔을 펼쳐서 진행하면 장소도 눈에 잘 띄고 준비물품도 정리할 수 있어서 유용합니다. 파라솔 끝에 행사명이나 문구를 써서 달면 홍보 효과가 좋아요. 이동도 어렵지 않고 가격도 저렴한 편이랍니다.

인조나무 : 교실 한 칸 크기의 위클래스에 150~180cm 정도 되는 나무를 구매해서 비치해 두면 위클래스에 오는 학생들에게 심리적 안정감을 갖게 할 수 있어요. 그리고 행사를 할 때 학생들의 작은 작품이나 엽서를 달아 두면 행사가 풍성하게 보이는 효과도 있습니다. 요즘에는 나뭇잎을 계절별로 교체하는 나무들도 나왔더라고요.

접이식 책상 및 의자 : 저도 처음에는 잘 몰라서 고정형 책상이나 의자를 구매했습니다. 그런데 위클래스에서는 집단 프로그램이나 행사 시 책상과 의자를 이동해야 하는 일이 많더라고요. 혹시 새로 구매해야 하거나 교체를 고민한다면 바퀴 달린 접이식 책상과 의자를 구매하세요. 더 유용하게 활용할 수 있습니다.

자석용 감정카드 : 위클래스 한편에 화이트보드를 놓고 자석용 감정카드를 부착합니다. 상담하러 오는 학생들에게 자신의 감정카

드를 떼게 하면서 상담을 시작합니다. 상담이 끝날 때 학생들이 감정카드를 떼면서 마무리하면 학생들에게 본인의 감정을 찾아서 통찰하는 계기가 될 수 있습니다.

전기촛불 : 촛불을 보면서 명상을 하는 경우도 있어요. 이때 성냥이나 불을 사용하는 것은 안전상 어려움이 있어서 전기촛불을 사용하고 있습니다. 학생들의 반응이 매우 좋은 편입니다.

심 없는 스테이플러 : 간단한 서류 2~8장 정도를 묶어야 할 때 스테이플러 심을 제거하는 불편함이 없어서 자주 사용하고 있습니다. 묶을 수 있는 매수가 정해져 있으니 필요에 맞게 구입하면 됩니다. 8매나 10매 이상 가능한 것으로 구매하는 것을 추천합니다.

스캔 기능이 있는 컬러프린터 : 자료 수집에도 도움이 되지만 아이들 심리평가 등 검사자료를 파일 형태로 준비할 때도 유용합니다. 요새는 의료비 지원 등에 보호자 서명을 넣은 서류가 필요한데, 그때마다 스캔하러 가긴 어렵잖아요. 스캔, 복사 기능이 있는 컬러프린터가 매우 필요합니다.

태블릿 : 요즘 학교마다 스마트 기기가 많이 보급되고 있습니다.

코로나19 이후 앱으로 검사할 수 있는 것들이 많아졌습니다. 각종 검사 앱에서 종이가 아닌 화상 검사를 필요한 수량만큼 구매해 두고 활용하면 훨씬 편합니다. 특히 mmpi-a 같이 문항수가 많은 검사의 경우, 종이를 주면 아이들이 내용이 많아서 지레 힘들어하는데 앱으로 한 문제씩 풀게 하면 덜 불편해합니다.

5절 정도의 자석 화이트보드 : 활동에도 각종 알림에도 여러모로 쓰임이 많습니다. 캠페인 할 때는 B4 용지에 출력해서 보드에 자석으로 붙이기만 해도 플래카드 역할을 할 수 있고, 아이들이 보드마카로 보드에 직접 적을 수도 있습니다. 물론 학급단위 활동이나 집단상담에서도 매우 유용하게 쓸 수 있습니다.

감정카드와 이미지카드 : 상담실 한쪽에 늘 두고 쓰면 좋습니다. 응원의 글을 담은 메시지카드도 함께 둡니다. 학생이 상담을 마치고 가면서 응원의 글을 하나씩 가지고 가도록 해도 좋더라고요. 매번 줄 수는 없지만 필요하다 싶은 느낌이 드는 날에 한 번씩 사용하면 좋아요.

4장

솔리언 또래상담반 알차게 운영하기

솔리언 또래상담반 알차게 운영하기

위클래스에서 운영하는 동아리가 있습니다. 바로 솔리언 또래상담반입니다. 또래상담반은 학생들이 선생님에게 말하기 힘든 어려움을 또래끼리 편안한 대화를 통해 풀어 나가면서 학교폭력 등으로 인한 문제를 미연에 예방하기 위해 운영되는 동아리입니다. 이 동아리는 학급 내 부적응 학생들을 돕는 역할을 합니다. 그래서 또래상담반 학생들은 선발과정을 거쳐 선발하고 기본적인 교육을 비롯해 많은 활동을 하게 됩니다. 그러잖아도 할 일이 많은데 동아리까지 운영하려니 힘이 들겠죠? 하지만 상담교사는 또래상담반을 통해 학생들과 상담 아닌 활동을 할 수 있고, 지금 학생들의 문화와 분위기를 파악할 수 있습니다. 또래상담반은 대부분 상담에 관심이 있는 학생들이 지원합니다. 경우에 따라서는 성장이 필요한 학생들로 구성해 활동하기도 하고요. 어떤 학생들로 구성이 되든 또래상담반이 알차고 즐거운 활동 기회를 통해 마음이 좀 더 성장할 수 있도록 해 주면 좋겠죠?

또래상담반 운영에 대한 정보는 한국청소년상담복지개발원에서 제공하는 '또래상담 운영학교 지침서 및 교사매뉴얼'을 통해 얻을 수 있습니다. 하지만 매뉴얼에서 알려줄 수 없거나 매뉴얼에 있지만 지나치기 쉬운 운영 노하우는 있기 마련이니까요.

01 또래상담반 구성은 어떤 형태로 하는 것이 좋은가요?

또래상담반은 교과과정 내 CA 동아리로 운영할 수도 있고 자율동아리로 운영할 수도 있습니다. 또 CA 동아리와 자율동아리의 방식을 합하여 운영하기도 합니다. 두 가지 방법 모두 각각의 장단점이 있습니다. CA 창체 동아리로 운영하면 1년간 의무적으로 CA 동아리 시간에 활동을 해야 하기에 시간을 일정하게 확보할 수 있습니다. 하지만 학생들이 또래상담반에 적응하지 못하더라도 중간에 동아리를 바꾸기 어렵다는 단점이 있습니다. 그리고 또래상담반 학생들이 다양한 CA 동아리 활동을 원하는 경우도 있고요. 자율동아리는 활동 시간 확보에 어려움은 있으나 가입과 탈퇴가 자유롭고, 융통성 있게 운영할 수 있습니다. 전임 선생님이 운영했던 방식을 알아보고 그대로 하면 무난하지만, 다른 방식을 원한다면 교무부에 문의하여 운영 방식을 변경할 수도 있습니다.

어떤 방식으로 운영하든 학부모가 동아리 활동에 동의하는 학생을 선발하는 것은 매우 중요합니다. 일과 중은 물론 방과 후에 활동하는 경우도 있고, 교육, 캠프, 또래상담연합회 참여 등 활동이 많기 때문입니다. 한국청소년상담복지개발원에서 제공하는 또래상담 운영학교 지침서 및 교사매뉴얼(49쪽)에 따르면 만 14세 미만의 초등학생 및 중학교 학생들은 또래상담 활동 전에 학부모와 학생들로부터 또래상담반 선발과 활동에 대한 동의서를 받는 것이 필요하다고 되어 있습니다.

또래상담반 학부모 동의 받기 예시

가. 또래상담반 신청서에 또래상담반 교육 및 활동에 대한 동의와 이로 인한 일과 중 및 방과 후 활동에 동의한다는 내용을 넣어 학부모와 학생의 동의를 미리 받음

나. 또래상담반 운영계획서를 구성할 때 별첨으로 또래상담반 활동 동의서를 추가하여 선발된 학생들에게만 동의서를 받음

다. 학년 초 배부되는 위클래스 상담 및 수업 중 상담 동의서 가정통신문 내용에 또래상담반 교육 및 활동을 위클래스 활동 내용에 추가로 기재하여 동의를 받음

또래상담반 활동 동의서는 앞의 방법을 활용해 받을 수 있습니다. 그리고 동의서에 활동 기간 중에는 동의하는 것으로 한다는 문구를 넣어 두면 매년 동의서를 받지 않아도 됩니다.

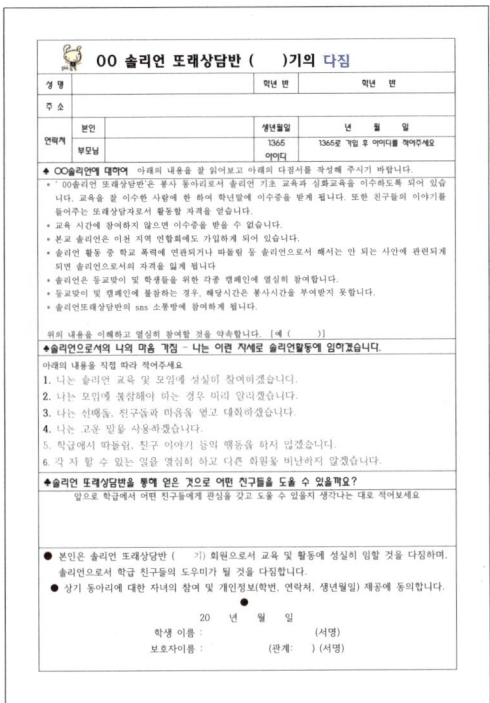

솔리언 다짐(학부모 동의 받는 방법 예시)

02 또래상담반 모집은 어떻게 하나요?

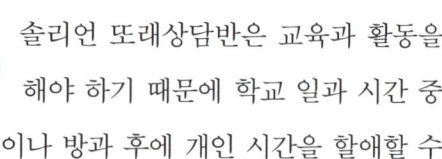

솔리언 또래상담반은 교육과 활동을 해야 하기 때문에 학교 일과 시간 중이나 방과 후에 개인 시간을 할애할 수 있는 학생들로 구성하는 것이 좋습니다. 너무 인원이 많으면 교육이 어려워지니 학급별 1~3명 정도의 학생으로 구성하는 것이 좋습니다. 인원은 학교 규모에 따라 다르겠지만, 전체 인원을 15명 내외로 하는 것을 권합니다.

신입생 선발 방법으로는 일반적으로 다음의 세 가지 방법을 사용하는데, 중등에서는 앞의 두 가지 방법을 주로 사용합니다.

가. 또래상담반학생들이 주도적으로 선발하는 방법
나. 교사와 학생의 협의로 선발하는 방법
다. 교사 주도로 선발하는 방법

　초등학교에서는 대개 5학년에서 6학년 학생으로 또래상담반을 구성합니다. 너무 어린 학생은 교육과 활동을 함께하기 어렵기 때문이죠. 초등학교에서는 모든 교육 활동이 학급 단위로 이루어지기 때문에 또래상담반 구성에 어려움이 있다고 합니다. 처음에는 적은 인원으로 운영하면서 인원을 차차 늘려가는 것도 좋습니다.

　또래상담반을 CA 동아리로 운영할 경우 학교에서 CA 동아리를 구성하기 전에 선발을 마쳐야 하므로 3월에 개학하면서부터 준비를 합니다. 학년말에 내년 신입생을 어떻게 선발할지에 대하여 기존 학생들과 협의하고 결정해 놓을 수도 있습니다. 보통은 신학기에 등교맞이 행사 등을 하면서 또래상담자 선발 홍보를 합니다. 아울러 홍보 안내물을 만들어 각 학급에 게시하고 선배 또래상담반 학생들이 아침이나 점심시간에 1학년 학급을 돌면서 홍보하며 신청서를 배부하기도 합니다. 물론 사전에 1학년 담임교사에게 양해와 허락을 받고 진행합니다. 또, 이전 또래상담반 활동 내용을 담은 동영상을 제작하여 각 학급에서 영상을 상영하면 홍보 효과가 정말 좋습니다. 이를 위해 한 해 동안 활동하면서 홍보할 만한 사진이나 영상을 찍어 두면 좋습니다.

또래상담반 신청 방법은 종이, 구글 폼, 네이버 폼 등을 활용하는데 종이로 직접 제출하는 경우가 대부분입니다. 면접 일정, 면접 방식, 합격자 선정 기준, 합격 통보 등 후배 선발에 대한 모든 사항을 선배 학생들에게 맡기고 교사는 학생들이 놓칠 수 있는 부분만 점검합니다. 학생들이 선발 과정마다 결정한 사항에 대해 교사에게 꼭 점검을 받고 진행할 수 있도록 하면 실수를 줄일 수 있습니다.

담임교사의 추천을 받은 학생을 불러서 상담교사가 상담한 후에 신청서를 받는 방법도 있습니다. 신청자가 적은 경우 담임교사에게 또래상담반이 어떤 활동을 하는 동아리인지 설명하고 다른 친구들의 이야기를 들어 줄 수 있는 학생들로 추천해 달라고 부탁하면 좋습니다.

또래상담반을 자율동아리로 운영하며 신입 회원은 1학년을 대상으로 모집 및 선발합니다. 신입회원 선발 시 학년별로 역할을 나누어 진행합니다. 3학년은 서류심사와 면접을 담당하고, 2학년은 홍보 포스터 제작 및 홍보, 지원서 배부, 접수, 대기실 관리 등을 지원합니다. 학생들에게 준비할 시간을 충분히 주면 홍보는 물론 서류 심사, 면접 질문 등을 자체적으로 정하고 관리합니다. 지도교사도 3학년 학생들과 동등한 심사위원으로 참여해 신입회원을 선발하는 것이 좋습니다.

  면접 후 최종 선발을 할 때, 심사위원으로 참여한 3학년 학생들의 평점과 교사 평점 모두 일정 순위 안에 들어온 학생이라면 우선 선발, 교사와 학생의 점수가 차이 나는 학생일 경우에는 학생들의 점수를 우선시하여 선발합니다. 전입생 중 이전 학교에서 또래상담반 활동을 한 학생이 원하는 경우 외에는 중간에 별도로 학생을 선발하지 않고 기존 구성원을 3년간 유지합니다.

03 또래상담반 교육 시간을 잡기가 어려워요

또래상담반 교육을 할 때 기본 과정은 12시간, 심화 과정은 8시간 이상을 진행해야 하는데, 시간을 확보하는 것이 생각보다 쉽지 않습니다. 학생들이 또래상담반만 하는 것이 아니라 학생회 등 다른 활동을 겸하기도 하고, 방과 후에는 학원에 가기 때문에 방과 후 시간을 활용하는 것이 녹록지 않습니다. 그래서 학생들의 제안으로 1, 2학기 상담주간을 활용하여 교육을 진행합니다. 상담주간에는 담임교사가 학급 학생들을 상담하는 시간을 확보하기 위해 수업을 단축하여 운영하기도 합니다. 이때 1학기 상담 주간에는 2, 3학년 학생들을 대상으로 심화교육을 진행하고, 2학기 상담주간에는 1학년 학생들을 대상으로 기본교육을 운영합니다. 요즘에는 상담주간을 상시로 운영하는 학교도 많습니다. 혹시 상담주간을 별도로 지정하여 운영한다면 고려해 보세요.

또래상담반을 선발할 때부터 2회 이상 교육에 빠지면 동아리 활동을 함께할 수 없다는 걸 알립니다. 교육 시간과 일정은 학기 초에 협의하여 결정하고 있습니다. 현재는 매월 2, 4주 금요일 방과 후에 시간을 정해서 진행하고 있습니다. 교육 시간은 40분으로 운영되는데, 학사 일정 등으로 운영이 어려운 경우 학생들을 아침에 8시 20분까지 등교하도록 하여 아침에 하든가 점심시간을 이용하여 진행합니다. 이렇게 아침과 점심시간을 이용할 때는 교육할 수 있는 시간이 짧아서 1시간 분량의 교육 내용을 2회로 나누어 진행합니다. 학생들의 만족도가 높은 건 점심시간을 활용하는 것입니다. 점심시간이 줄어든다는 단점은 있지만 방과 후에 학원 일정을 조정하거나 등교 시간을 맞춰야 하는 어려움이 없기 때문이죠.

자율동아리이기 때문에 CA 시간을 활용할 수 없어서, 아이들이 회의를 통해 교육받을 시간과 날짜를 정합니다. 신입 회원들을 대상으로 하는 기초교육

은 보통 점심시간이나 1교시 시작 전 시간을 활용합니다. 기초교육을 제대로 이수해야만 또래상담반 활동이 가능하다는 것을 상기 시키면 아이들은 적극적으로 출석합니다.

    심화교육을 이수해야 하는 2, 3학년의 경우 토요일 혹은 방학 중 하루를 또래상담자 캠프로 운영하기도 합니다. 매주 월요일 점심시간에는 전체 학생이 모이는 공동의 프로그램을 운영하고 있습니다. 급식실 또는 담당부서와 협의하여 또래상담자들이 가장 먼저 급식을 받을 수 있도록 하면 교육시간을 좀 더 확보할 수 있습니다. 또래상담자 학생들도 점심을 먼저 먹고 점심시간에 교육하는 것을 선호합니다.

04 또래상담반 교육은
어떻게 해야 하나요?

또래상담 교육 및 운영 등에 관한 자료는 '또래상담' 홈페이지(www.peer.or.kr)에서 찾아 이용할 수 있습니다. 많은 정보들 중에서 또래상담자 교육을 진행할 때 놓치기 쉬워서 주의해야 할 점 몇 가지를 알려드립니다.

우선, 교육을 하기 전에 '또래상담' 시스템에 들어가 학생 등록을 해야 합니다.

'또래상담' 메인 화면

메인 화면 아래쪽의 '또래상담 DB시스템'을 클릭하면 다음과 같은 창이 뜹니다.

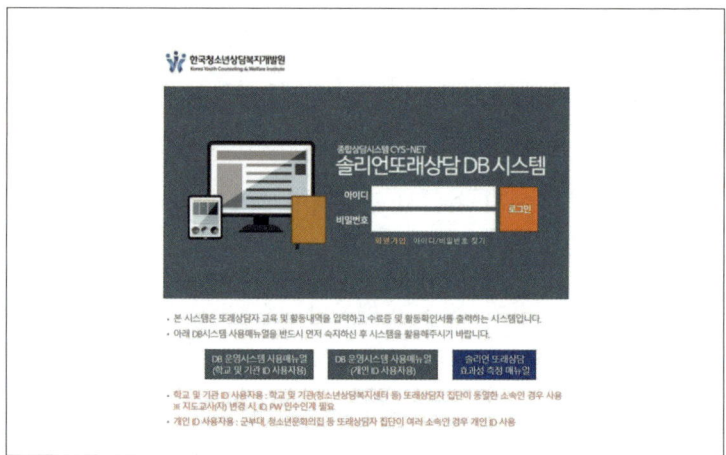

솔리언또래상담 DB시스템 화면

이때 솔리언또래상담 DB시스템에 접속할 수 있는 아이디는 개인이 정하는 것이 아닙니다. '한국청소년상담복지개발원'에서 부여한 학교 아이디로 접속하는 것이니 전임 선생님에게 아이디와 비밀번호를 받아 사용해야 합니다. 만일 학교 아이디가 없는 경우, '한국청소년상담복지개발원'에 신청하면 아이디를 부여해 줍니다. 이와 관련된 내용은 보통 1학기 초에 지역 교육청에서 연수를 통해 전달해 줍니다.

그렇게 접속하면 또래상담자 교육을 위한 또래상담자 등록을 할 수 있습니다. 이때 자칫 빠뜨리기 쉬운 것이 교육생 등록 후 효과성 검증을 위한 설문조사 과정입니다. 교육 시작 전에 교육 대상자들에게 효과성 검증 사전 설문조사를 실시해야 하는데, 이는 학생 등록을 할 때 입력한 휴대전화로 발송하여 각자 실시하도록 하면 됩니다. 교육이 끝나고 효과성 검증 사후 설문조사도 완료를 해야 지역청소년상담복지센터 담당자가 이수 처리를 할 수 있으니 이 부분을 놓치지 마세요. 또래상담자 교육을 위한 온라인 자료, 교재 등이 메인 홈페이지에서 다양하게 제공되고 있으니 이를 활용하면 됩니다.

교육이 끝나면 날짜를 정하여 교장·교감선생님이 참석해 수료증을 주고 배지를 달아 주며 축하해 주는 자리를 갖게 됩니다. 보통은 2학기에 기본, 심화 교육을 모두 마치고 한 번에 진행합니다. 수료식을 하면 아이들이 매우 뿌듯해합니다. 배지를 달면

수료식 식순 예시

또래상담자 선서문 예시

서 또래상담자로서 긍지도 느끼게 됩니다. 수료증은 교육 이수 후 솔리언또래상담 DB시스템에서 출력할 수 있고 배지는 지역청소년상담복지센터에서 수령할 수 있습니다.

솔리언 또래상담 교육을 진행하기 위해서는 솔리언 또래상담 지도교사 교육을 이수하여 교육 자격을 받아야 합니다. 이 교육을 수료하지 못했다면 또래상담 교육을 진행할 수 없으니, 지역 청소년상담복지센터에 협조를 요청하여 교육을 진행하면 됩니다. 솔리언 또래상담

지도교사 교육에 대한 공문은 학년 초에 발송됩니다.

- 솔리언 또래상담 지도교사 교육 이수 후 : 또래상담자 기본 및 심화교육 진행 가능

- 솔리언 또래상담 지도교사 교육 이수 전 : 지역 청소년상담복지센터 담당자와 협의를 통해 외부강사를 섭외하여 학생 교육 진행(학교로 나와서 무료로 교육을 하는 경우도 있고, 인원이 부족할 경우에는 강의료를 지불하고 교육을 진행해야 하는 경우도 있으니 협의하기 바랍니다.)

교육은 담당교사가 진행합니다. 교육 시간이 넉넉지 않기 때문에 미리 교육할 부분을 공지하여 학생들이 미리 생각해 오도록 하고 발표를 바로 할 수 있도록 합니다. 원활한 진행을 위해 3학년에게 모둠활동 리더 역할을 맡겨 교육 활동 시 적극적으로 참여할 수 있게 합니다. 교재를 낱장으로 배부하면 아이들이 잘 잃어버리기 때문에 출력한 교재를 A4 클리어파일이나 종이파일을 활용해 묶어서 주는 게 좋습니다. 학교에 제본기가 있다면 교재를 출력한 뒤 제본해서 주면 좋겠죠? 예산에 여유가 있다면 또래상담 교육 교재를 인쇄소에 맡겨 제본하여 책의 형태로 학생들에게 배부하면 더욱 좋습니다. 넉넉히 만들어 두면 몇 년 동안 잘

쓸 수 있습니다. 교재가 번듯하다면 더욱 적극적으로 교육에 임하는 학생들 모습을 볼 수 있습니다.

아침이나 점심시간을 활용하려 하다 보니 시간이 늘 빠듯합니다. 이때 기초교육에서 사전에 봐야 할 영상자료를 1학년 단톡방에 올려놓고 미리 보고 의견을 달아보도록 하면 활동 시간을 줄일 수 있습니다. 이후 교육 시간에 질문을 통해 학생들이 영상을 시청했는지 확인해 봅니다.

또래상담반은 여러 취지를 갖고 있지만, 학생들이 만들어가는 동아리라는 것을 염두에 두어야 합니다. 동아리원끼리 사이가 좋을수록 또래상담반 운영이 원활해집니다. 그렇기 때문에 친밀감을 향상시키는 활동을 교육 시간에 적절히 진행하면 좋습니다.

우리 학교는 매주 월요일 점심시간에 전체 동아리가 모이는데, 이 시간에 어울림 활동을 하거나 자체 회의를 할 수 있게 하고 있습니다. 어울림 활동으로 신입생들이 서로의 이름과 얼굴을 외울 수 있도록 간단한 게임을 진행합니다. "○○ 옆에 ** 옆에 앉은 나는 ○*입니다."라는 방식으로 말하는 이름 외우기 게임입니다. 이름이 기억나지 않으면 즉석에서 별명을 짓게 합니다. 주로 신입생들이 이름을 잘 외우지 못해서, 선배들이 입 모양으로 이름을 알려 주기도 합니다. 서로의 이름을 알고 난 후에는 대화법, 상담에 대한 내용을 교육하기도 합니다.

  기초과정 교육에서 친구에 대한 명제를 말하는 부분이 있는데 해마다 재미있는 내용이 많이 나옵니다. 그 내용을 토대로 그룹별로 그림으로 표현하게 하면 친밀감이 형성됩니다. 그리고 이 결과는 전체 학생들이 볼 수 있는 곳에 게시해 둡니다.

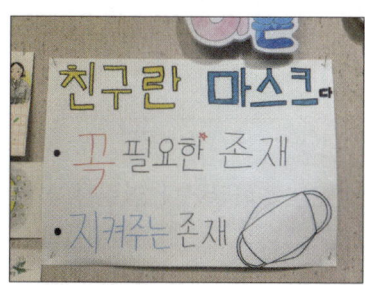 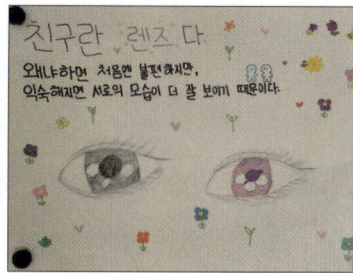

친구란 OO이다

05 또래상담반 운영을 어떻게 하면 좋을까요?

자발적인 임원직 선택 및 운영 : 회장이나 임원은 희망하는 학생이 할 수 있도록 하고 있습니다. 지원자가 2명 이상인 경우에는 따로 투표를 진행하지 않고 제비뽑기나 사다리 타기를 합니다. 임원은 학생들이 하고 싶은 역할에 맞춰 만들고 선정하고 있습니다. 이처럼 모든 학생이 작은 역할이라도 꼭 수행할 수 있도록 하는 방식은 학생들 간의 수평적인 관계 형성에 도움이 되고, 학생들이 자신이 직접 고른 역할에 책임감을 갖게 합니다. 후배들이 학년대표를 정할 때는 선배들이 진행해 주는 등 학생들이 주도하는 방식이 이어지고 있습니다. 다만, 교사가 그 자리에 함께하며 학생들이 적절한 언어로 표현하는지 지켜봅니다.

학년별 역할 부여 : 아이디어는 누구나 낼 수 있지만 주요한 결정이나 계획은 임원을 맡은 3학년들의 주도하에 이루어집니다. 2학년은 1학년들과 함께 행사와 프로그램 진행 및 홍보를 맡고, 1학년은 2학년을 보조하는 역할을 수행합니다. 그리고 2학기부터는 예비 3학년인 2학년들이 좀 더 주체적으로 일을 하게 됩니다.

편안한 선후배 관계 : 동아리 내의 선후배 관계가 우호적이라면 행사 준비 및 학생들 간의 업무 분담 시 일어나는 문제들에 유연하게 대처할 수 있습니다. 다른 일정 때문에 참여하지 못하는 학생이 있을 경우 사전에 서로 조율을 해서 일을 적절히 분배합니다. 그리고 더 많은 일을 한 학생에게 고마움을 말이나 글로 꼭 표현하도록 지도하고 있습니다. 이런 활동은 아이들에게 불참 시 사전에 양해 구하기, 미안하다고 하기, 고맙다고 하기 등을 연습하는 효과가 있습니다.

학생들 회의를 통한 운영 : 또래상담반 행사와 계획은 아이들의 주도하에 회의를 통해 결정하도록 합니다. 교사가 아이디어를 전해 주기도 하지만 선택은 학생들이 합니다. 본교에서 꾸준히 진행되는 등교맞이 행사도 1기 학생들이 회의를 통해 정했고, 10기 아이들이 'Wee-mart24'라는 편의점 콘셉트로 발전시켜 현재 12기까지 이어지고 있습니다. 이때 다른 학교에서 했던 좋은 행사를 슬쩍 소개하면 아이들이 참고하기도 합니다.

또래상담반을 잘 운영하기 위해 세 가지를 중점적으로 진행합니다. 첫 번째는 구성원 사이의 유대관계를 형성하고 상호작용을 촉진하는 것입니다. 또래상담반은 여러 학년으로 구성되어 있기에 서로 어색해질 수 있습니다. 그래서 저는 솔리언 또래교육을 진행하기 전에 학생들이 서로의 이름을 외우거나 상대방을 소개하는 시간을 갖게 해서 서로를 알아가며 친밀감을 형성할 수 있도록 합니다.

두 번째는 또래상담반의 목적과 역할에 대한 교육입니다. 또래상담자로서 역할을 잘 수행할 수 있도록 하기 위해 자신과 다른 친구를 이해하고 수용하면서 또래의 다양한 문제를 서로 도우면서 해결할 수 있도록 하는 교육을 합니다. 아울러 또래상담자 한 명 한 명이 학급과 학교에서 다른 학생들을 공감하고 이끌어주어 긍정적인 문화를 형성하는 데 기여하도록 한다는 목적도 지속적으로 상기시킵니다. 또래상담자 교육을 할 때 다른 사람을 이해하고 수용하려면 다양한 친구들과 교육 받는 게 좋은데, 교육 시 자리 배치를 다양하게 하면 효과가 커집니다. 예를 들어 자리표 뽑는 대로 자리에 앉게 한다든지, 생년월로 나눠서 자리를 배치한다든지, 운동화 색깔별로 앉게 하는 등이 가능합니다.

세 번째는 역할 분배를 통해서 모든 학생들이 모임 활동에 참여하면서 소속감을 느끼도록 하는 것입니다. 우선 동아리 회장과 학년 리더를 정하고, 각 학년이 서로 협의하여 역할을 나누고 이를 서기가 기록하도록 합니다. 그리고 같은 역할을 2회 이상 하지 않도록 합니다.

행사 진행 시 아이들의 역할 분배 예시
가. 홍보물 제작하기
나. 홍보물 준비하기
다. 교실 홍보 멘트 짜기
라. 행사 노래 선정하기(학년별 1~2개 선정)
마. 교실 홍보 들어가기 (모든 또래학생 참여/한 팀당 1~2개 반 담당)
바. 담당 요일 및 담당 역할 선정하기
사. 행사 피드백 만족도판 만들기

회의를 통해 행사에서 맡을 역할을 배분하고, 행사 1주일 정도 전에 모여서 역할을 체크합니다. 학생들에게 기회를 주면 조금 서툴러도 각자의 역할을 충실히 해 나갑니다. 이 과정을 통해 동아리 활동에 시너지가 생깁니다.

또래상담 활동을 위한 협의회는 등교 시간과 점심시간에 많이 합니다. 화상회의를 하는 경우도 있습니다. 급한 협의가 필요한 경우 또래상담반 단톡방에서 투표를 진행하여 협의 시간을 결정하고 저녁에 온라인 화상회의로 협의회를 진행하기도 합니다. 많은 행사를 학생들과 계획하고 개인 역할과 학년 역할을 나누어 준비합니다. 주요 역할은 3학년에게 맡기고, 1학년에게는 간단한 역할을 부여합니다. 행사 협의록 및 행사 진행 멘트, 홍보물, 계획 등은 반드시 기록을 해서 남겨 두면 다음 해에 참고할 수 있습니다.

저는 또래상담동아리 지원을 위한 사업을 신청한 뒤 사업 목적에 맞게 예산을 사용하고 있습니다. 2학기 지필평가 종료 후 일일 체험학습 내부 계획을 세워 학생들과 매년 체험학습을 가고 있습니다. 학기 중 동아리체험학습을 진행하려면 여러 어려움이 있을 수 있지만, 또래상담 동아리의 특성에 맞춘 체험학습을 진행하면 또래상담반 학생들이 성장하는 모습을 볼 수 있고 동아리에 대한 학생들의 만족도가 향상되는 걸 느낄 수 있습니다.

06 또래상담반 행사를 꼭 해야 하나요?

또래상담반이 꼭 행사를 해야 하는 것은 아닙니다. 하지만 또래상담반의 취지를 생각했을 때 행사 활동은 분명 도움이 됩니다. 다른 동아리가 자신을 위한 배움이나 즐거움을 추구하는 활동을 한다면, 또래상담반은 심리적으로 어려움을 겪는 학생들을 돕기 위한 활동을 합니다. 그렇기 때문에 학생들이 또래상담반 학생들에게 친근하게 다가갈 수 있고 편하게 말할 수 있어야 합니다. 또래상담반 행사는 다른 학생들에게 또래상담자에 대해 알리는 홍보 효과가 있습니다. 학생뿐 아니라 교사에게도 또래상담반의 존재와 역할에 대해 알릴 수 있는 좋은 기회가 됩니다. 무엇보다 또래상담반 학생들이 행사를 주관하여 진행하는 것을 매우 즐거워하고 자랑스럽게 생각하는 경우가 많습니다. 또래상담자들이 스스로 무언가를 기획하고 진행해 봄으로써 자신감을 얻습니다. 그리고 이런 계기를 통해 성장할 수 있습니다.

아이들이 원하기도 하더라고요. 아이들은 캠페인 주제에 어울리는 행사를 기획하고 준비하고 실행하는 모든 과정을 직접 해 보면서 자긍심을 키웁니다. 동시에 동아리에 대한 자부심도 높아지고요. 이런 과정을 통해 아이들은 성장하고, 이런 순간은 아이들의 인생에 긍정적인 영향을 미칠 거라 생각합니다.

07 또래상담반 행사로 어떤 것을 하면 좋을까요?

또래상담반 1기 학생들이 처음 기획한 '아침등교맞이' 행사를 11년째 해오고 있습니다. 작년부터는 행사를 매월 둘째, 넷째 주 금요일에 진행하고 있는데, 또래상담반 학생들이 편의점 콘셉트로 진행해 보자고 제안해서 좀 더 재미있게 진행하고 있습니다. 아이들이 등교하면서 반가움을 표현하는 인사말이나 행동(손을 흔들기, 악수하기 등)을 하면 간식을 받을 수 있습니다. 행사에서 사용할 간식은 학생들과 회의로 정하고, 매월 적당한 글과 그림이 담긴 라벨지를 간식에 붙이는 것은 또래상담반 학생들이 합니다. 선배들은 일찍 와서 테이블을 옮기고 세팅을 하는 등 조금 어려운 일을 하고, 1학년은 간식에 스티커를 붙이는 등 단순하지만 시간이 걸리는 작

아침등교맞이 행사

업을 합니다.

 학기 초에는 학생들에게 위클래스를 알리고 홍보하는 취지의 '위클래스 초대의 날'을 진행하기도 합니다. 이 행사도 또래상담반의 중요한 행사 중 하나입니다. 이외에 학생들에게 인기가 있는 슈링클스 고리 만들기, 마음약방 등의 활동도 진행합니다.

 해마다 행사를 나눠서 진행하는데요, 작년에는 '내 마음대로 이루어져라 슈링슈링슈링클스!'라는 행사를 했습니다. 이루고 싶은 소망의 색이 들어간 그림으로 슈링클스를 만드는 행사였습니다. 단순히 슈링클스를 만들어 보는 것에 머물지 않도록 하려고 의미 부여를 할 수 있는 표현을 제시했더니, 아이들에게 더욱 뜻깊은 시간이 되었습니다. 행사를 결정하는 데 가장 중요한 요소는 또래상담반 학생들이 직접 해보고 마음에 드는 것입니다.

'내 마음대로 이루어져라 슈링슈링슈링클스!' 행사 진행 tip

- 주요 멘트
  - "올해 이루고 싶은 것을 생각해 보세요."(올해 혹은 이번 학기에 가능한 단기 목표)
  - "그것을 떠올리게 하는 색 또는 글귀를 생각하세요."
  - "그 색이나 글귀를 포함하는 그림이나 글을 쓰세요."
  - "자, 이제 기다리면 됩니다."

- 주의
  슈링클스에 열을 가하면 쪼그라드는데, 이 모습에 학생들이 깜짝 놀랍니다. 이때 "괜찮아 기다리면 돼." "잘 안 될 것 같지만 조금 기다리면 돼."라고 안심을 시켜 줍니다.

슈링클스 고리 만들기

마음약방

또래상담반 활동은 봄, 가을에 한 번씩 하는 친구 사랑의 날 행사를 주관하는 것으로 진행합니다. 어떤 활동을 할지는 또래상담반 학생들이 정하도록 합니다. 단, 실제로 실행하기 어렵거나 너무 복잡한 것은 좀 더 구체화시켜 보고 수정할 수 있도록 조언해 줍니다. 포스터 제작부터 홍보 활동까지 모두 또래상담반이 진행하도록 하는데, 학생들은 스스로 무언가를 한다는 것에 매우 자긍심을 가지고 열심히 합니다. 주로 점심시간에 모여 회의를 하는데, 학년별 또는 역할별로 조를 나눈 다음 조별로 상의하여 진행하도록 합니다. 이렇게 조별로 일을 나눠서 진행하면 전체가 모여서 하는 것보다 시간을 효율적으로 사용할 수 있더라고요. (구체적인 행사 내용과 방법은 5장에서 소개하고 있으니 참고하시기 바랍니다.)

또래상담반 행사는 크게 또래상담주간, 행복한 등교맞이, 친구사랑주간, 학교축제 부스 운영으로 진행하고 있습니다. 우리 학교 또래상담반은 창단할 때부터 학생들이 노란 조끼를 단체복으로 입고 행사를 진행하고 있습니다. 그래서인지 학교에서 노란조끼를 입은 학생들을 보면 다들 또래상담 동아리로 생각하는 것 같아요.

신학기 등교맞이 행사를 할 때 학생들에게 비타민이나 포춘

포춘쿠키 등교맞이

친구사랑 서약서 캠페인

쿠키를 나누어 줍니다. 포춘쿠기 안에 들어가는 문구는 업체와 상의하여 위클래스와 또래상담의 취지에 맞는 것으로 넣어 달라고 하면 됩니다. 행사를 할 때는 학생들이 좋아하는 음악을 크게 틀어 놓고 진행하고 있습니다. 이를 위해 앰프를 하나 구입해 놓으면 좋습니다.

또래상담주간은 학생들이 또래상담 동아리의 정체성을 인식할 수 있도록 하려고 재미있고 쉽게 참여할 수 있는 행사로 진행하고 있습니다. 친구사랑주간에는 친구들과 함께 추억을 만들고

축제부스 운영

친구들에게 친구사랑이라는 것이 더욱 각인될 수 있는 캠페인과 행사를 준비합니다.

    모든 행사는 행사일 3주 전부터 회의를 진행합니다. 교사는 회의를 지켜보며 방향성만 제시하고, 행사 진행은 학생들이 협의하여 결정합니다. 각 학년별로 역할을 부여하여 진행하는데, 1학년 학생들의 경우 1학기에는 본인이 참여할 수 있는 만큼만 자발적으로 참여하도록 하고 있습니다.

    어떠한 주제의 회의든 회의를 진행하기 전에 담당교사, 동아리 회장, 각 학년의 리더가 모여 이전에 했던 회의나 활동을 참고하여 방향을 협의합니다. 이렇게 하면 회의의 방향성을 잡아가기가 매우 수월합니다.

08 또래상담자들의 상담 활동은 어떤 방식으로 하나요?

사실 또래상담자가 학생을 직접 상담하는 것은 쉽지 않습니다. 만약 실제적인 또래상담이 이루어지는 계기가 발생하면 지도교사의 슈퍼비전이 많이 필요합니다. 학생이 상담을 하게 된다면 기본교육 과정에서 배운 상담기법을 활용할 수 있도록 연습시켜 보는 것이 좋습니다. 하지만 실제로는 상담보다 심리적으로 어려운 학생들을 돕는 활동 위주로 이루어지게 됩니다. 또래상담자는 학급의 어려운 친구들에게 말을 걸거나 위로 또는 안부의 문자 보내기, 이동 수업시간에 함께 교실 이동해 주기 등의 활동을 주로 합니다. 또래상담자의 가장 중요한 활동은 도움이 필요한 학생을 위클래스 또는 담임교사 상담으로 연계하는 것입니다. 이런 학생들에게 다가가서 도움을 주기 위해 라포르를 형성하는 단계에 또래상담 교육에서 배운 여러 가지 기법이나 태도 등을 활용하도록 하는 것이 좋습니다.

또래상담반 활동의 핵심은 학생들을 돕는 것입니다. 그래서 이런 활동은 학생들이 또래상담자로서의 본분을 잊지 않고 책임감을 가지고 진지하게 임하도록 하는 게 중요합니다. 한 주에 한 번 이상 도움 활동을 하도록 하고, 이렇게 활동한 것을 일지에 적게 하면 좋습니다.

또래상담자 기본교육을 마치기 전에는 상담하지 않도록 권하고 있습니다. 상담은 상대방의 반응을 살피고, 어려움을 함께 해결하는 것이지 맞장구를 치며 이야기를 들어 주는 것이 아니기 때문입니다. 또래상담자는 기본교육을 마친 후 또래상담반 학생들을 대상으로 하는 상담 연습을 통해 상담자 경험과 내담자 경험을 하게 합니다. 그 후에 친한 친구들과 대화를 통해 서로의 입장 차이와 공감을 경험하고 문제에 대한 해결방안 찾아보는 것부터 시작해 보도록 합니다. 이때 대화의 주제가 너무 무거운 경우, 선생님들에게 도움을 요청하는 것의 중요성을 지속적으로 교육합니다. 또한 친구들 간의 갈등이나 따돌림 등이 있을 때, 또래상담자들은 이에 동조하지 말고 이런 갈등 상황이 지속되지 않도록 조정자 역할을 하도록 하고 있습니다.

학생들이 또래상담자들에게 자기 마음을 편하게 이야기할 수만 있어도 충분하지 않을까요? 이때 또래 친구들과 이야기할 공간과 시간을 마련해 주기만 해도 도움이 됩니다. 점심시간에 또래 친구를 위클래스로 초대해서 같이 노는 것도 또래상담자들이 할 수 있는 좋은 활동이라고 봅니다.

또래상담은 아침, 점심시간, 방과 후 등 근무시간 중 틈틈이 할 수 있게 하고 있습니다. 장소는 위클래스에서 한 공간을 정하여 사용할 수 있도록 합니다. 또래상담자들에게 상담을 할 때는 심각한 이야기가 아니어도 괜찮고, 또래상담 교육에서 배운 내용을 토대로 잘 들어주는 것으로 충분하다고 말해 줍니다. 그리고 상담 내용을 또래상담수첩에 기록하게 합니다.

09 또래상담자에게 봉사활동 시간을 부여할 수 있나요?

또래상담반 활동 시 봉사활동 시간을 부여할 수 있습니다. 봉사활동 시간을 인정받으려면, 먼저 학년 초에 교내 봉사활동계획에서 누락되지 않도록 해야 합니다. 이는 해당 부서에 문의하면 됩니다.

주의해야 할 것은 또래상담자 교육이나 위클래스 행사 보조는 또래상담자 봉사활동으로 인정받을 수 없다는 것입니다. 또래상담자 활동만 봉사활동으로 인정받을 수 있습니다. 봉사활동의 3개 영역(이웃돕기활동, 환경보호활동, 캠페인활동) 중 또래학생 상담활동은 보통 '이웃돕기활동' 영역으로 봉사활동 시간을 부여합니다. 그러나 등교맞이 활동이나 생명존중캠페인 등의 활동만으로 봉사활동 시간을 부여하려면 '캠페인활동' 영역으로 인정받으면 됩니다. 이에 관해서는 해당 업무 담당자와 상의해서 진행하면 됩니다.

또래상담반 학생들의 활동 내용을 명렬표나 활동일지에 기록해서 봉사활동 시간 근거 자료를 만들어 놓으면 좋습니다. 학기별로 봉사활동 시간을 부여하는데, 보통은 최대 학기당 5시간, 연간 10시간을 부여하고 있답니다. 당연히 또래학생 상담도 상담일지 작성 등을 근거로 봉사활동 시간으로 인정받을 수 있습니다. 즉, 또래상담자 봉사활동 시간을 부여하기 위해서는 모든 또래상담 활동 참여에 대한 근거 자료를 만들어 놓는 것이 필요합니다.

또래상담반에게 봉사활동 시간을 부여할 경우 학생생활기록부에 CA 동아리활동과 봉사활동에 또래상담반이 동시에 기록될 수 없습니다. CA 동아리로 운영할 경우 동아리명을 또래상담반이 아닌 다른 것(예: 상담연구반)으로 변경하여 운영하는 것이 좋은 방법이 될 수 있습니다.

5장

학생들의 성장을 돕는 프로그램 운영

학생들의 성장을 돕는 프로그램 운영

위클래스에서 운영하는 프로그램은 다양합니다. 위클래스의 홍보, 또래상담 활동, 우정이나 생명존중 등을 주제로 하는 행사도 있고, 학년부나 학생부 등에서 의뢰해서 진행하는 교실 프로그램도 있습니다. 또, 일부 학생들을 모아 운영하는 집단 프로그램도 있죠. 학생들은 이런 활동들에 즐겁게 참여하면서 학교생활의 활력을 얻을 수 있습니다. 또 활동을 통해 친구들과 관계를 생각해 보고 내면의 성장을 경험하기도 합니다.

위클래스에서는 이런 즐거운 프로그램만 운영하는 것은 아닙니다. 학교폭력 가해학생과 보호자를 대상으로 하는 특별교육이나 학교에 적응하지 못하고 학교를 중도에 그만두려는 학생들을 대상으로 하는 학업중단 숙려제 같은 다소 무거운 프로그램도 운영해야 합니다.

운영해야 하는 프로그램의 성격도 방법도 다양하다 보니 어떤 프로그램을 어떻게 운영해야 할지 때로는 막막하기도 합니다. 경력이 많은 상담교사라 해도 평소에 하지 않는 프로그램을 의뢰 받으면 어려운 것은 마찬가지입니다.

이 장에서는 각각의 프로그램이나 활동들이 어떤 방향으로 진행되고 어떤 취지로 운영되는지에 대한 이야기를 담았습니다. 그리고 프로그램을 운영할 때 어떤 형식이나 방법을 활용하는지 우리의 경험을 소개하려 합니다. 각각의 행사나 프로그램에 대해서는 각 지역의 전문상담교사들이나 동료 선생님들에게 많은 팁을 얻을 수 있으리라 생각하지만, 그래도 당장 뭘 해야 할지 답답한 선생님들을 위해 참고할 만한 기관에서 제공하는 프로그램이나 한번 사용해 볼 법한 프로그램도 소개합니다.

01 위클래스에서 행사를 꼭 해야 하나요?

행사를 기획하고 준비하고 실행하려면 많은 시간과 에너지가 들지만 행사는 위클래스 문턱 없애기, 위클래스 홍보 등을 위한 방법으로 아주 유용합니다. 행사는 학생들에게 위클래스가 어려움이 있는 학생들만 이용하는 곳이라는 인식을 깨고 누구나 이용할 수 있고 즐거운 일도 많이 있다는 것을 경험하게 할 수 있습니다. 또한 교사들에게는 위클래스가 무엇을 하는지 모르는 학교 내 기관이 아니라 학생들과 함께하고 움직이는 역동적인 기관임을 인식시킬 수 있습니다. 그리고 또래상담반이 활동할 수 있는 기회를 마련해 주는 의미에서도 행사가 필요합니다. 행사 활동을 주관하면서 또래상담반의 존재감을 드러내야 다른 또래상담 활동을 할 때에도 힘을 받을 수 있거든요.

 '애플데이'나 '친구사랑의 날' 등의 행사를 반드시 위클래스에서 주관할 필요는 없답니다. 이런 행사를 학생부나 학생회가 주관하여 진행하는 학교도 있습니다. 그러나 위클래스에서 애플데이나 친구사랑의 날 또는 이와 비슷한 행사를 운영하는 경우가 많긴 합니다. 10월에는 학교의 여러 행사가 겹칩니다. 도서관에서는 '세계 책의 날' 행사를 진행하고, 교육복지실이 있는 경우 '교육복지주간'을 운영하기도 합니다. 또한 '생명존중교육주간' 운영에 관한 공문도 옵니다. 이때가 위클래스에서 '또래상담주간' 또는 '애플데이'가 진행되는 시기입니다. 각 기관의 특색에 따라 별도의 행사를 진행할 수도 있지만 여러 기관이 함께 행사를 기획하여 큰 행사로 진행하는 것도 생각해 볼 수 있습니다. 위클래스에서 하는 행사는 다양하고 창의적인 것이 많습니다. 학교의 분위기와 선생님의 개성에 따라 계획하고 구성하면 됩니다. 위클래스에서 주로 할 법한 활동 몇 가지를 소개해 봅니다.

애플데이

 애플데이는 둘이 서로 사과한다는 뜻을 담아 10월 24일 전후로 진행하는 것이 보통이지만 꼭 날짜를 지킬 필요는 없어요. 친구에게 사과를 한다는 의미로 '사과데이'라고도 하죠. 애플데이

세척사과

애플데이 간식

애플데이 엽서 쓰기

사과나무

에 일반적으로 하는 활동은 사과 편지 쓰기입니다. 준비된 편지지에 친구에게 미안했던 일이나 사과하고 싶은 일을 적어서 제출하면 또래상담반이 먹는 사과와 함께 편지를 전달해 줍니다. 요즘은 긴 글을 쓰기 어려워하는 학생이 많아서 사과 엽서를 많이 이용해요. 예산 상황에 따라 시중에 있는 애플데이 엽서를 구매하거나 따로 엽서를 제작해도 되지만 '팬시페이퍼 180g' 용지를 4등분하여 사용하는 것도 괜찮습니다. 간단한 나무모형이나 인조나무를 이용하여 사과나무에 메모 달아 주기를 해도 좋습니다.

함께 주는 선물로 세척 사과, 사과 주스, 간단한 과자나 사탕 같은 간식을 활용합니다.

친구사랑의 날

친구사랑의 날은 '친구 사이'를 나타내는 날짜에 맞춰서 1학기에는 4월 2일 또는 7월 9일에 진행하고, 2학기에는 9월 4일 즈음에 하기도 합니다. 날짜를 꼭 맞추어야 하는 것은 아니에요. 친구사랑의 날이 아니라도 또래상담주간을 운영하기도 하고, 감사데이 등 별도로 행사를 기획하기도 합니다. 일반적으로 우정이나 즐거운 학교생활을 주제로 행사를 기획하면 무난합니다. 친구와 함께 위클래스에 방문하여 간단한 것을 만들거나 게임이나 미션을 수행하고 간식이나 기념품을 받아가는 정도의 행사를 기획하면 됩니다.

> **행사 예시**
> -간단한 만들기: 우정 팔찌, 그립톡 만들기 등
> -마음약방
> -게임: 이구동성게임, 단어 맞추기 등
> -우정사진 콘테스트

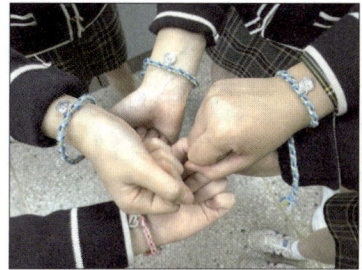
우정 팔찌 만들기

그립톡 만들기

마음약방

마음약방

또래상담자들이 친구들에게 간단히 상담을 해 주고 약(간식)을 주는 행사입니다. 한동안 위클래스 행사에서 많이 했는데, 여전히 학생들이 좋아하는 행사입니다. 대부분의 학생은 간식 받는 재미로 참여하지만 간혹 진심인 경우도 있어요. 참여 학생의 상

마음약방 처방전 예시

마음약방 포스터

황이 정말 심각하다고 생각되면 바로 상담교사에게 연계하도록 또래상담자들에게 미리 일러두면 좋습니다.

행사는 주로 점심시간을 이용하여 진행합니다. 먼저 참여 학생들에게 신청지에 자신의 증상을 체크해 보도록 합니다. 이때 증상은 "맛있는 것을 보면 계속 먹고 싶다.", "시도 때도 없이 졸리다."처럼 당연하거나 학생들이라면 겪을 법한 것을 적어 놓습니다. 너무 심각하게 생각하지 않고 약간의 웃음 코드를 넣어서 만들면 좋습니다. 이렇게 학생들이 작성한 신청지를 또래상담자에게 내밀면 또래상담자가 그것을 보고 몇 가지 질문을 한 뒤 처방전과 약을 줍니다.

학생들에게 주는 처방전에 재미있는 병명을 넣어서 주면 학생들이 즐거워합니다. 여러 간식을 섞어서 약을 조제해 약 포장지에 넣어 주면 됩니다. 요즘 약국에서 사용하는 것과 같은 폴리백으로 제작된 약 봉투에 간식을 담아 주어도 좋아요. 약으로 사용하는 간식으로는 씹어 먹는 비타민, 작게 포장된 초콜릿, 사탕, 젤리 등이 있습니다. 예산에 여유가 있어서 작은 병 음료를 함께 준다면 제법 약을 받는 기분이 나겠죠?

이은주 선생님은 위클래스 예산을 활용해서 팝콘 기계를 구입해 놓고 행사 때마다 사용하고 있다고 합니다. 행사에서 팝콘을 만들어 학생들에게 나누어 주면 학생들의 참여도가 높아진다고 하네요. 행사 활동은 주로 또래상담자들이 주관해서 진행하는 경우가 많습니다. 4장에 또래상담자들의 활동을 소개하는 부분도 참고하세요.

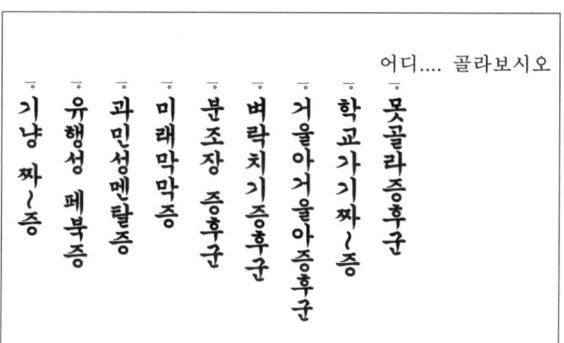

마음약방 재미있는 병명 처방전 예시

02 위클래스에서 하는 행사 홍보를 어떻게 하면 좋을까요?

위클래스에서 행사를 진행할 때 간단한 홍보 메모지를 만들고, 이를 행사용 음료 및 물품 등에 부착해서 배부하면 행사에 대해 알릴 수 있고, 선생님들의 협조를 구하기 쉬워집니다. 행사를 마친 후에는 메신저를 통하여 학생들의 참여 현황이나 협조가 잘 이루어진 부분에 대한 피드백을 전달하면 다음 행사에 도움이 됩니다. 행사 물품은 학생뿐 아니라 교직원을 대상으로 하는 홍보 물품으로 활용하면 좋습니다. 행정실 챙기는 것도 잊지 마시고요. 학교 행사 중 위클래스에서 진행하는 행사가 있다면 교사들이 참여할 수 있도록 유도하세요.

또래상담반 학생들과 한 달에 2회 정도 '행복한 등교맞이'를 진행하면서 앞으로 개최할 행사를 홍보했더니 참여율이 많이 높아지는 것을 볼 수 있었습니다. 다양한 행사 홍보 방법 중에 제가 항상 사용하는 것은 교실 홍보, 교실 방송, 유인물, 각 학급 톡방에 홍보물 올리기 등입니다. 교실 홍보를 할 때는 미리 기본 멘트를 정한 다음 각 모둠이 학년을 정해서 교실에 들어갑니다. 홍보 후에는 간단한 퀴즈로 선물을 증정합니다. 위클래스 행사에 가장 많이 참여한 학생들에게 쿠폰이나 간단한 선물을 증정하거나 좋은 행사에 참여할 수 있는 우선권을 부여하면 홍보 효과가 크고 학생들의 참여도를 높일 수 있습니다. 또한 인조나무 등을 활용해 행사의 내용이나 메시지를 나무에 걸어 중앙현관에 배치하는 것도 좋은 홍보 방법 중 하나입니다. 행사 포스터는 게시판에 붙이는 것과 별도로 A4 사이즈로 출력하여 각 반에 붙이며 홍보합니다. 행사 시 배부되는 물품에는 라벨지 등을 붙여 위클래스의 행사임을 널리 알려야 합니다. 이때 홍보 물품에 위클래스 상담 신청을 할 수 있는 QR코드를 넣는 것도 좋습니다.

행사 준비를 주로 또래상담반 학생들이 하다 보니 학생들이 사전에 제작해 본 샘플 등을 자연스럽게

친구들에게 보여 주며 홍보하기도 하더라고요. 이렇게 사전 제작한 샘플 사진을 홍보 포스터에 넣으면 학생들의 행사에 대한 기대가 더 커진답니다. 그리고 행사 당일 아침에 메신저로 담임교사에게 행사 홍보를 한 번 더 부탁하면, 아주 열정적으로 학생들에게 참여를 독려해 주기도 합니다.

인조나무 활용하기

홍보 물품

홍보 물품

03 행사를 대회 형식으로 운영할 수 있나요?

행사 주제를 잘 선정해서 학교 대회와 연결하면 캠페인도 하고 대회를 통한 결과물도 얻을 수 있습니다. 행사를 학교 대회와 연결하려면 반드시 행사가 학년 초 수상 계획에 포함되어야 합니다. 기본 순서는 이렇습니다. 시상을 하지 않고 캠페인으로만 하는 경우에는 다음의 과정이 필요 없습니다.

순서	내용	참고
대회 전	학년 초에 교무부에서 수상 계획 수립 시 포함되어 있어야 시상 가능 *tip: 교과 계획과 함께하면 더 좋음	3월

대회 실시	기안	대회 요강을 첨부하여 실시 기안 실시 계획, 대회 요강, 준비물 구입 동시에 진행 일정 수립 시 학년부장과 꼭 협의	학년별 실시 가능
	홍보	대회 요강을 첨부하여 담임교사들에게 홍보	대회 요강은 학교별 기준
	실시	학년별 실시 가능	
대회 후	심사 및 시상	심사 및 시상자 선발 시상 기안: 교무부 시상 담당자 협조 또는 공람	학년별 실시 가능
	활용	작품 전시 또는 작품 활용 물품 제작 등	

위클래스 엽서 그리기 대회/친구 응원엽서 만들기 대회

학기별로 주제를 선정해서 엽서 그림 그리기 대회를 진행했습니다. 위클래스 엽서 그리기 대회는 매해 주제를 정해 1학기에 시행하고, 친구 응원엽서 만들기 대회는 2학기에 진행합니다.

● 홍보 : 대회 요강에 그 해의 주제를 넣습니다. 결과물 중 일부 작품으로 엽서를 제작할 것임을 밝힙니다. (최우수작이 엽서가 되지 않을 수도 있습니다. 작품이 우수해도 엽서로 제작하기에 적절하지 않은 경우도 있습니다.)

- **준비물** : 위클래스에서는 엽서용지만 준비하는데도 비용이 많이 듭니다. 비용을 절약하기 위해서 엽서용지 대신 4절 켄트지를 사서 8등분하여 준비합니다. 용지 크기는 더 커도 됩니다. 나중에 엽서로 제작하기 위한 것이기 때문에 반드시 엽서 크기로 할 필요는 없습니다. 다만 용지는 너무 얇지 않은 것으로 해야 채색했을 때 결과가 좋습니다. 엽서를 그리기 위한 채색도구는 학생들에게 각자 준비하도록 합니다.

- **대회 실시** : 요즘 교육의 주요 키워드가 '통합'입니다. 재량활동, 미술이나 도덕 교과 등 주제에 따라 다양한 교과와 연계한 대회 실시가 가능합니다. 학년 초에 협의해서 해당 교과 계획에 포함되도록 하면 연계하여 진행할 수 있습니다. 대회 실시 후 심사를 거쳐 상을 수여하고 우수작은 전시합니다. 우수작 중 하나 혹은 두 가지로 엽서를 제작하고 엽서에는 작품을 제공한 학생의 이름을 넣습니다.

- **엽서 만들기** : 인터넷에서 '엽서 제작'으로 검색해서 업체를 찾고 문의를 한 뒤에, 작업을 맡길 업체에 작품을 스캔해서 보내면 원하는 크기와 용지로 제작할 수 있습니다. 이때 엽서를 활용하기 위해서 학생들이 흔히 사용하는 볼펜으로 기록하기 쉬운 용지를 선택하면 좋습니다. 저는 엽서를 넣을 수 있는 봉투도 함께 제작

책갈피

엽서 대회 수상작

해서 활용합니다. 같은 업체에서 엽서 크기를 정하면 적당한 봉투도 선택할 수 있고, 학교명이나 위클래스 등 원하는 문구와 간단한 그림을 넣을 수 있습니다.

- 엽서의 활용 : 만들어진 엽서는 이후 활동에서 사용할 수 있습니

다. 가령 주제를 감사로 정하면 5월 감사의 달에 활용할 수 있습니다. 학기말이나 학년말에 학급별 롤링페이퍼로도 활용할 수 있고 자기 자신에게 주는 응원의 엽서로도 활용이 가능합니다.

　엽서로 대회를 진행하더라도 대회 결과물을 엽서가 아닌 책갈피로 제작할 수도 있습니다. 저는 대회 결과물을 1학기에는 엽서로, 2학기에는 책갈피로 제작하고 뒷면에 위클래스 상담 신청이 가능한 QR코드를 넣어 학생들에게 나눠 주기도 했습니다.

엽서 활용- 블라인드로 제작

04 교실에서 할 수 있는 프로그램은 어떤 것이 있나요?

학기초, 학기말 혹은 학급에서 갈등이 있는 경우 학급 단위 프로그램을 요청 받을 때가 있어요. 개인적으로 학급단위 활동에 관심이 있기도 하지만, 최근에 아이들이 관계맺음에 대해 어려움을 많이 호소하고 있어서 집단 상담이 필요하다는 생각도 합니다. 조금만 생각을 확장해 보니 학급단위로 가능한 것들이 생각나더라고요. 대화법이나 감정 관리에 대한 것들도 많이 필요하긴 하지만, 솔직히 교육적인 접근보다 즐거운 어울림을 통해 조금씩 다가가는 것이 더 좋더라고요.

> **교실/집단 프로그램 운영의 원칙**
> - 단순하고 구체적인 행동 목표
> - 주어진 시간의 2/3 정도만 할 수 있는, 여유 있게 마칠 수 있는 분량
> - 도입부에 꼭 간단한 놀이와 퀴즈 진행
> - 교사가 준비도 진행도 쉬울 수 있어야 함(그래야 학생들 관찰 가능)
> - 직관적인 제목
> - 프로그램에 의미부여: 메시지는 간단하고 짧게, 중요한 건 스토리텔링
> - 소외되는 사람이 없도록(하고 싶지 않다고 하면 그 선택도 존중, 보고 있다가 하고 싶을 때 참여하면 된다고 함)

진행 순서는 대체로 다음과 같습니다.

- **소개하기**: 프로그램의 목적을 소개합니다. 저는 여러분과 행복한 시간을 만들어 보려고 한다고 합니다.
- **규칙 정하기**: 다른 사람이 말할 때 집중해서 들어주기, 열심히 참여하기. 꼭 강조하는 것은 '무언가 발표할 것이 있을 때 소리는 내지 않고 손짓이나 몸짓만 하기'입니다. 소리를 내면 안타까운 표정으로 다음 기회에 하라고 하고 되도록 그 학생에게 빠르게 기회를 줍니다.

- **인사 나눔** : 처음 만나는 경우에는 돌아가면서 뭔가를 이야기하게 합니다. 이때 말할 내용을 정해 주기도 합니다. 예를 들어 처음 만났다면 "내 이름은 ○○○이고 난 짜장/짬뽕을 좋아해."처럼 가벼운 이야기를, 좀 시간이 지난 그룹이라면 5자~6자로 오늘 기분 이야기를 하게 합니다.
- **도입 놀이** : 어색함을 풀어주는 간단한 아이스브레이킹을 진행합니다. 아이들 눈높이에 맞는 퀴즈도 좋은데 저는 주로 초성퀴즈를 진행합니다. 정답이 없으니 다양한 답이 나옵니다. 맞기만 하면 무조건 작은 젤리를 하나 줍니다. 순식간에 아이들은 집중 모드가 됩니다.(당일 프로그램에서 꼭 다루고 싶은 가치가 있다면 초성퀴즈를 통해 전달할 수도 있습니다.)
- **주요 활동** : 가능하면 2~3가지로 합니다. 한 가지만 하면 지루하고 너무 여러 가지는 산만합니다. 3~4가지를 미리 생각해 두고 반응을 보면서 학급별로 변형해도 됩니다.
- **느낌 나누기** : 5자 토크로 해도 되고, 포스트잇을 써도 되고, 손가락으로 점수 주기를 해도 됩니다.(매 활동의 마무리에 합니다. 이어지는 프로그램 안내에서는 따로 설명하지 않았습니다.)

주요 활동으로 할 만한 것 몇 가지를 소개하겠습니다. 얼마든지 응용이 되는 것들이고 별다른 지식이 없어도 가능합니다.

우린 (　　)야

- **준비물** : 5절 크기의 가벼운 화이트보드(조별로 필요, 스케치북으로 대체 가능), 보드마카, 지우개, 물티슈, 작고 개수가 많은 젤리, 4절지 한 장, 포스트잇, 네임펜(학생 수만큼)

- **진행 방법** : 공통점을 가진 아이들끼리 모이게 하고 수다 떨 수 있는 시간을 줍니다. 단, 모일 때는 소리를 내면 안 됩니다. 소리를 내지 않고 같은 그룹을 찾아가게 하는 것이 더 재미있습니다. 모인 후 누군가 기록자가 되어야 합니다. 기록자는 머리카락이 제일 긴 사람, 손이 가장 큰 사람, 발이 큰 사람, 이름의 획수가 가장 많은 사람, 생일이 빠른 사람 등으로 정합니다. 다 모였으면 돌아가면서 이름을 말하고 "나는 (　　)라서 뭐가 좋다고 생각해." 등을 이야기하게 합니다. 말하는 내용을 기록하는 사람이 적으면 나중에 모아서 발표하게 합니다. 정답이 없으니 어떻게 말하든 인정해 줍니다. 가령 "A형은 예뻐"라고 하면 그냥 그렇게 인정합니다. 별 희한한 대답들이 나오지만 그냥 인정하기로 합니다.

- **모이는 기준** : 같은 혈액형, 같은 계절에 태어난(계절 구분 명확히) 사람, 태어난 순서가 같은 사람 등이 가능합니다. 태어난 순서가 같은 사람끼리 모이게 하면 많은 이야기가 오갑니다. 특히 좋은 점과 나쁜 점을 정리해서 이야기해 보게 하는데, 정말 많은 이야

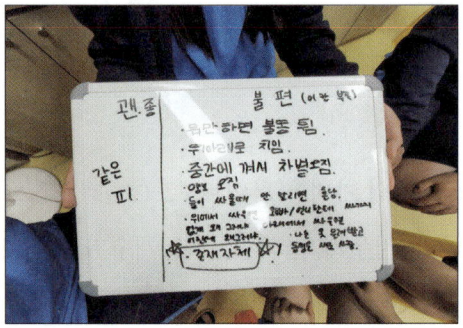

우리는 (둘째)야

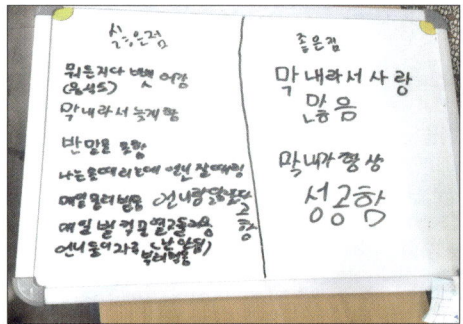

우리는 (막내)야

우리는 (AB형)이야

기가 나옵니다. 포인트는 공통점을 가진 아이들끼리 실컷 이야기를 하는 것입니다. 서로 "맞아. 맞아." 하면서 이야기하는 시간이 중요합니다.

귓속말로 말해요

- **준비물** : 5절 정도 크기의 가벼운 화이트보드(조별로 필요, 스케치북으로 대체 가능), 보드마카, 지우개, 물티슈, 작고 개수가 많은 젤리
- **팀 정하기** : 비슷한 인원으로 하고 무작위가 되도록 합니다. '당신의 이웃을 사랑하십니까' 등 자리가 섞이는 게임을 한 후 정하면 쉬워요.
- **활동** : 팀마다 일렬로 앉게 합니다. 각 팀에서 한 명씩 나오게 한 후 교사가 그린 그림을 보여 줍니다. 그림에 대한 설명을 귓속말로 하거나 가까이서 작은 소리로 말해 줍니다.(설명 시간은 10초~20

 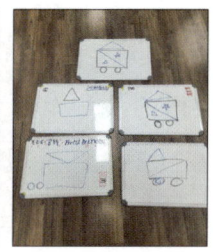

귓속말로 말해요

초) 그림에 대한 설명은 말로만 전달되고 마지막에 들은 학생이 들은 내용을 그림으로 그립니다.

이 활동을 통해 교사가 주고 싶은 메시지는 어떤 말도 있는 그대로 전달되기 어렵다는 것입니다. 활동을 반복할수록 아이들의 설명이 간단명료해지고 점점 정확해집니다. 이 활동을 할 때 가끔 색으로 혼란을 주기도 합니다. 아이들을 힘들게 하려는 게 아니라 그만큼 객관적으로 사실을 전하는 것이 쉽지 않다는 메시지를 주려는 것이죠.

천 가지 이야기, 우린 이야기 천재

이 활동이 처음인 경우 이해하는 데 시간이 조금 걸립니다. 보드게임 상자에 자세한 설명이 있으니 참고하면 됩니다.

- **준비물** : 보드게임 〈딕싯〉 한 세트, 자석보드, 자석 5~6개, 작고 개수가 많은 젤리
- **진행 방법** : 이 활동은 교실에서 해도 됩니다. 그룹은 임의로 구성해도 되지만 저는 학생들이 앉은 대로 그룹을 정합니다. 최대 6그룹이 가능한데, 5그룹 이상 되어야 더 재미있습니다. 딕싯 게

임 본래의 규칙에 맞춰 진행해도 되고 변형해도 됩니다. 저는 변형했습니다.

① 딕싯 카드를 팀별로 5장씩 줍니다. 매 활동마다 카드를 내야 하므로 한 장씩 보충해 줍니다.
② 팀별로 돌아가면서 문제 카드를 내고 힌트를 줍니다. 다른 팀은 문제를 낸 팀의 힌트를 듣고, 그 힌트에 가장 가깝다고 생각되는 카드를 제출합니다. 사회자도 카드를 보지 않은 상태에서 섞어서 보드에 붙이고 번호를 부여합니다.
③ 이제 출제팀을 제외한 팀들은 출제한 카드라고 생각되는 카드의 번호표를 냅니다.(조별로 번호표가 다른 색으로 제공됩니다.) 이때 모두 맞히면 너무 쉬운 활동이었으므로 출제팀은 점수가 없고 맞힌 팀은 모두 젤리를 받습니다. 젤리는 나중에 합산해서 점수로 계산합니다.
④ 모두 못 맞히면? 너무 어려운 힌트였으므로 출제팀은 점수가 없습니다. 다른 팀에게는 위로의 젤리를 줍니다.
⑤ 출제자의 목적은 최소 한 팀은 맞히는 것이므로, 그 조건에 맞으면 출제팀과 맞춘 팀이 젤리를 2개씩 받습니다.
⑥ 이때 오답인데 다른 팀이 답으로 찍은 번호의 팀은 그 숫자만큼 젤리를 받습니다. 이런 이유로 다른 팀들도 매력적이고 답에 가까운 카드를 내려고 머리를 맞대고 고민하게 됩니다.
⑦ 그 다음 활동은 그 카드가 그런 힌트로 주어진 이유를 말하는 것입니다.

이때 그럴듯한 설명을 하면 추가로 젤리를 줍니다. 설명의 기회는 다른 팀에게도 주어집니다.

⑧ 다음 팀이 문제를 제출하기 전에 카드 한 장씩을 보충해 주고 반복합니다.

이와 같은 활동 과정에서 아이들은 머리를 맞대고 자기 팀의 카드를 가리고 적절한 힌트를 만들고 답을 찾기 위해 이야기하게 됩니다. 시간이 너무 빨리 가는 것처럼 느껴지는 활동이고 아이들이 매우 즐거워하는 활동 중 하나입니다.

학급 활동이나 집단 상담을 진행할 때 활용할 수 있는 프로그램은 많지만 학급에서 진행하는 프로그램 중 2가지를 소개하겠습니다.

회복적 생활교육

처음 회복적 생활교육을 접했을 때 상담에 접목하기 좋을 것 같다는 생각을 했습니다. 그런데 상담교사보다는 교과교사나 초등교사가 더 많이 활용하더라고요. 회복적 생활교육의 교육방식이나 대화법 등은 상담 영역에 많이 걸쳐 있습니다. 요즘 학교에서 학교폭력 사안 처리가 진행되면 학교 내 관계회복을 위한 프로그램을 진행하는 경우가 많습니다. 이때 회복적 생활교육을 활용하여 프로그램을 운영하는 것도 생각해 볼 만합니다. 회복적 생활교육은 갈등에 대한 서로의 입장을 이해하고 갈등을 조율하는 다양한 기법을 활용할 수 있다는 장점이 있습니다. 이런 교실 내 갈등 조정 효과는 바로 나타나기 때문에 회복적 생활교육을 잘 활용하면 상담교사의 역할과 역량을 보여 줄 수 있을 것입니다.

평화로운 학급공동체 워크북(경기도교육청)

어울림 학교폭력 예방 프로그램

한국교육개발원에서 만든 프로그램입니다. 요즘 이 프로그램을 교과에 적용하는 프로그램이 원격연수로도 개발되었을 정도로 프로그램 적용이나 사용이 편리하게 구성되어 있습니다. 어울림 프로그램을 포털사이트에서 검색하면 바로 학교폭력예방교육지원센터 홈페이지(www.stopbullying.re.kr)가 나옵니다. 어울림 프로그램은 초등, 중등, 고등과 같이 학교급으로 나뉘어 있고, 교사용, 학부모용, 학생용 등 대상별로도 나뉘어 있어 활용하기 편합니다. 내용은 자기존중감, 감정조절, 의사소통, 학교폭력 인식 및 대처, 갈등 해결, 공감 등으로 구성되어 있습니다. 학교폭력예방교육지원센터 홈페이지에 자료나 안내서 등이 자세히 수록되어 있답니다.

학교폭력 예방교육 어울림 프로그램

05 특별교육은 어떻게 운영해야 하나요?

학교에서 학교폭력 사안이 발생하면 학교폭력 처리 절차가 진행됩니다. 모든 위클래스는 학교폭력 특별교육 운영 기관으로 지정되어 있고, 상담교사는 학교폭력전담기구에 필수 위원으로 들어가서 가해 학생에 대한 심의에 함께 참여하게 됩니다. 학생의 학교폭력 가해 사항에 대해 경중을 논하고 학교장 전결로 할 것인지, 교육청 학교폭력대책심의위원회로 보낼 것인지를 결정하게 되는 거죠. 이렇게 학교폭력전담기구에서 심의를 하면서 학생과 보호자를 만나고 특별교육을 해야 한다면 참으로 불편하고 어색한 상황이 됩니다.

학교에서 학교폭력 사안이 발생하면 가해자에게 조치가 내려지게 되는데 제1호와 제9호 조치를 제외하면 심의위원이 정한 일수와 시간만큼 교육감이 정한 기관에서 특별교육이나 심리치료를 병행하도록 되어 있습니다. 즉, 아주 경미한 사안이거나 너무 사안이 커서 중대한 조치가 내려지는 것이 아니라면 거의 특별교육이 병행된다고 보면 됩니다.

학교폭력 가해자 조치

1. 피해학생에 대한 서면사과
2. 피해학생 및 신고·고발 학생에 대한 접촉, 협박 및 보복행위(정보통신망을 이용한 행위를 포함한다)의 금지
3. 학교에서의 봉사
4. 사회봉사
5. 학내외 전문가, 교육감이 정한 기관에 의한 특별교육이수 또는 심리치료
6. 출석정지
7. 학급교체
8. 전학
9. 퇴학처분

특별교육은 반드시 위클래스에서 해야 하는 것은 아닙니다. 각 지역에서 특별교육 프로그램을 운영하는 기관이 있는데, 이

에 관해서는 매년 지역 교육청에서 학교폭력 담당자에게 발송하는 '학교폭력 사안 처리에 관한 안내'에 탑재되어 있습니다. 교내에서 특별교육을 실시하게 되면 가해학생이나 보호자가 특별교육을 가볍게 생각할 우려가 있고, 위클래스에서는 다른 학생의 상담도 이루어지고 여러 가지 학생 활동이 진행되기 때문에 가급적 특별교육을 외부 기관에 의뢰해 달라고 부탁하는 게 좋습니다. 하지만 위클래스에서 특별교육을 진행할 수밖에 없는 경우도 있습니다. 방학 전에 사안이 발생하여 학교폭력 심의가 열린 경우나 특별교육 조치 시간이 적게 나온 경우입니다. 보통 방학 전·후에는 외부 기관에서 특별교육 프로그램을 운영하지 않는 경우가 많습니다. 이런저런 이유로 외부 기관 교육 일정과 맞지 않으면 위클래스에 의뢰되기도 합니다.

특별교육을 실시하게 될 때 자칫 놓치기 쉬운 것은 위클래스도 특별교육 기관으로서 의뢰 절차를 거쳐야 한다는 점입니다. 모든 학교업무는 절차와 근거에 따라야 하거든요. 학교 담당자에게 위클래스에 특별교육을 의뢰할 때 다음과 같은 절차로 진행해 달라고 하고 특별교육이 끝나면 역시 절차에 따라 이수 사실을 통보해 놓아야 합니다.

위클래스에서의 특별교육 운영 및 이수 후 처리 절차

1. 위클래스에서 특별교육을 실시하는 경우 학교폭력 사안 발생 시 학교폭력심의위원회 조치로 인한 특별교육 실시 기안 및 위클래스와 협의한 일정을 학부모와 학생에게 안내하는 일은 교내 학교폭력 사안 담당자가 하게 됩니다. 내부 기안 시 위클래스를 반드시 협조자로 지정하도록 하며 이에 따라 특별교육을 실시하게 됩니다.

2. 위클래스에서는 협의된 일정대로 특별교육을 실시합니다. 이때 특별교육에 참여한 학생, 학부모에게 출결 확인을 받아 둡니다.

3. 특별교육을 실시한 후 이수증을 발급합니다. 이수증 발급 시 내부 기안을 하고 결재 경로에 학교폭력 사안 담당자 또는 학생안전부장을 협조자로 지정합니다.

특별교육 운영을 내부 공문으로 기안해 놓으면 특별교육 진행에 대한 정확한 근거를 남길 수 있습니다. 아울러 특별교육을 운영하기 전에 당해 학년도 '특별교육 운영계획서'를 기안한 후 진행하는 것이 좋습니다. 이때 운영계획서에 이수증을 별첨자료로 붙여 놓으면 좋겠죠?

각 시·도 교육청이나 지역교육청에서 배부하는 '학교폭력사안 처리 가이드'를 미리 보아 두는 것도 꽤 도움이 됩니다.

특별교육이수 확인증 예시

그럼 특별교육 프로그램은 어떻게 운영하면 좋을까요? 각 시·도 교육청에서 제공하는 다양한 특별교육 프로그램 교육 자료가 있습니다. 포털사이트에서 각 지역교육청에 접속하여 검색하면 바로 자료를 다운받을 수 있습니다. 이를 활용해도 좋고, 지역 상담교사들에게 조언을 구해도 좋습니다.

각 시·도교육청에서 제공한 학교폭력 특별교육 프로그램

검색기관	프로그램명
경기도교육청	단위학교 특별교육 프로그램 '내 마음의 매듭풀기'(중등용)
	단위학교 특별교육 프로그램 '내 마음의 매듭풀기'(초등용)
경상남도교육청	학교폭력 관계회복 프로그램
서울특별시교육청	교육부(2023) 학교폭력 특별교육 프로그램(학생용) 교육부(2023) 학교폭력 특별교육 프로그램(보호자용)
충청남도교육청	학교폭력 학부모 특별교육 개발 자료

06 학업중단 숙려제 프로그램은 어떻게 운영하나요?

학업중단 숙려제 프로그램 운영을 상담교사가 담당하고 있는 경우가 많습니다. 그러나 매일프로그램을 진행하게 될 경우 모든 프로그램을 위클래스에서 도맡아 할 수 없습니다. 매일 학생이 위클래스로 등교해서 일정 시간을 지내야 하기 때문에 위클래스 운영에도 어려움이 생기게 되죠. 더군다나 그 기간이 5주나 되니 더더욱 어렵습니다. 그래서 매일 프로그램을 운영해야 할 경우에는 교내·외의 협력이 꼭 필요합니다. 지역 교육청, 청소년 상담복지센터 등 유관 기관의 외부 프로그램을 적극 활용하는 것이 가장 좋지만 부득이 교내에서 진행해야 한다면 학업중단예방위원회를 통해 부서 간 협력할 수 있는 영역을 협의하고 함께 진행하도록 해야 합니다. 담임교사, 담당부서, 학교 도서관, 진로상담부 등 학교의 상황에 맞추어 학생을 도울 수 있는 다양한 교내 부서와 협의하여 프로그램을 구성하고, 위클래스에서는 학생이 이러한 프로그램을 잘 참여하도록 관리하는 것이 좋습니다. 물론 학생의 학교 출석에 대해서는 담임교사의 도움이 필요합니다.

다음 내용은 학업중단예방협의회 이후 실제 숙려제 운영 시 업무 과정입니다.

- 학업중단 숙려제 운영 프로그램 협의: 기간, 프로그램, 외부기관 섭외 등
- 학업중단 숙려제 실시 기안: 프로그램, 동의서, 출석부 양식 등 반드시 상담을 포함해야 함, 상담은 외부 기관 의뢰 가능
- 학업중단 숙려제 운영: 운영 중 출석 확인 중요(상담교사가 체크해야 할 부분)
- 학업중단 숙려제 운영결과 기안: 소견서, 출석일지, 출석 확인 자료

매년 2월에 오는 학업중단 숙려제 운영 안내 공문 양식과 매일프로그램, 지역 교육지원청과 청소년상담복지센터의 프로그램을 잘 활용하세요.

학업중단 숙려제 5주 예시

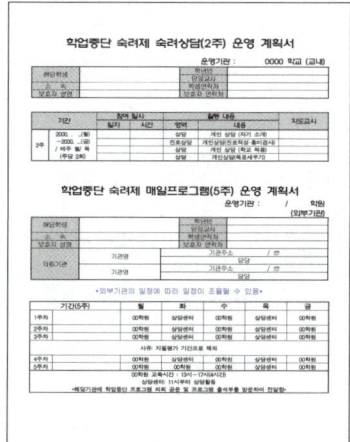

학업중단 숙려제 7주 운영계획 예시

5장 | 학생들의 성장을 돕는 프로그램 운영

6장

외딴섬에서
벗어나기 위한
관계 맺기

외딴섬에서 벗어나기 위한 관계 맺기

상담교사는 위클래스라는 별도의 공간에서 근무합니다. 교무실에 모여 함께 근무하는 교과교사들에 비해 다른 선생님들과 마주칠 일이 아주 적죠. 자연스럽게 다른 선생님들과 관계를 형성하고 서로를 알아갈 시간이 부족할 수밖에 없습니다. 그렇다 보니 "하루 종일 뭐해?" "심심하지 않아?" 같은 말을 듣기도 합니다. 하지만 지금은 제가 바쁘다는 것을 알고 오히려 상담 의뢰를 미안해하는 선생님이 더 많아요.

보건교사나 사서교사는 어떤 일을 하는지 대략 짐작을 하지만 상담교사의 일과 고충을 이해하는 선생님은 매우 적습니다. 상담이 1:1로 이루어지는 것이라 더 그런 것 같아요. 내담자에 대한 비밀 유지 때문에 어려운 상황이 생겨도 어디 물어볼 데도 없고, 상의할 수 없기도 하고요. 그래서 상담교사들은 자칫 위클래스라는 외딴섬에서 아무도 모르는 일을 혼자만 하게 될 수 있답니다. 위클래스와 상담교사는 학교라는 기관에 속해 있기 때문에 상담교사는 다른 선생님들과 관리자와 잘 협력해야 합니다. 학생과 관련된 일이기 때문에 학부모와의 관계도 당연히 중요하고 학생들과의 관계도 좋아야겠죠.

학교 안에서 다른 구성원에게 나의 일을 이해시키면서 어떻게 그들과 관계를 잘 만들고 유지할 수 있는지에 대한 이야기를 나누어 보려 합니다.

01 선생님들과 소통할 수 있는 좋은 방법이 있을까요?

내담자의 담임교사는 상담 효과를 높이는 좋은 조력자가 될 수 있습니다. 바꿔 말하면 담임교사에게 상담교사는 학급의 어려움을 함께하는 조력자가 될 가능성이 크다는 것입니다. 학교 상담에서 완전 비공개 사례는 매우 드뭅니다. 왜냐하면 학생들이 수업 중 상담을 받는 상황이 많기 때문이죠. 내담자의 어려움을 듣고 나서 담임교사와 보호자에게 어느 정도까지 알려도 되는지를 내담자와 협의한 후, 그 범위 내에서 담임교사와 사례 회의를 합니다. 내담자가 도움이 필요하면 그 부분을 알리고 도움을 요청하는 거죠. 상담교사는 그동안 겪은 담임교사의 수고를 인정해 주면서 담임교사가 모든 것을 맡을 수 없음을 이야기합니다. 그리고 담임교사에게 상담교사가 일부라도 도움이 될 수 있음을 알리고 해야 할 역할을 안내합니다. 전에는 학생을 돕기 위해 교사들에게 협조를 구했다면, 이제는 교사의 어려움을 들어주고 그 수고와 변화의 요청에 협력하기 위해 상담교사가 함께하는 것으로 바꾸는 거죠. 그렇게 교사들의 이야기를 들어 주다 보면 교사들도 내담자 경험을 하게 되고 상담교사와 좋은 관계를 갖게 됩니다. 그 관계를 학생 상담으로 이어가는 것이지요.

대부분의 교사들, 특히 과잉행동이나 품행의 어려움을 동반한 학생들을 담당하는 교사들에게는 다양한 감정 노동의 어려움이 동반됩니다. 야단치는 것도 어렵고 다른 학생들에게 미치는 영향도 고려해야 합니다. 그래서 가치관에 따라 심한 경우 자괴감을 느끼는 교사도 있습니다. 그럼에도 불구하고 교사들에게 많은 것이 요구되는 것이 현실이죠. 되도록 교사들의 이야기를 들어 주고 상담교사의 이야기도 나누세요. 교사들과의 좋은 관계는 교사와 상담하는 학생에게 도움이 됩니다.

월별이나 분기별로 선생님들에게 상담기법 등을 안내합니다. 학기초에 학부모상담주간 실시 전에 학부모 상담기법을 안내한다든지, 학기 중에 수업 시간에 돌발행동을 하는 학생에 대한 상담기법, 자해 학생에 대응하는 방법 등을 안내합니다. 제공한 자료를 모든 선생님이 다 잘 읽는 것은 아니지만, 이러한 안내를 통해 위클래스와 상담교사에 대한 신뢰가 높아지는 것을 느낄 수 있습니다. 건넨 자료와 연관된 내용이 수업시간에 나왔을 때 그 자료를 활용하기도 하고, 자녀들을 이해하는 데 도움을 받았다고 고마움을 표하는 선생님도 있었습니다.

위클래스의 업무를 잘 진행할 수 있도록 도움을 받으려면 행정실의 실장과 주무관들을 비롯해 부장교사들과 잘 지내는 것도 매우 중요합니다. 위클래스에서 운영하는 예산 성립, 집행 등과 관련된 문제는 행정실의 도움이 많이 필요하고, 업무 조정이나 협력을 위해서는 관련 업무를 담당하는 부장교사와 좋은 관계를 맺는 것이 좋습니다. 무언가를 조정하고 협력을 구하는 것이 쉬운 일은 아닙니다. 하지만 "말 한마디에 천 냥 빚도 갚는다."라는 속담이 있듯이 상대를 존중하고 배우는 태도로 협조를 구하면 대부분은 잘 가르쳐 주고 협조해 줍니다. 행사 활동을 교사들에게 홍보할 때나, 행사 후 감사 인사를 메신저 등으로 전달할 때 행정실 식구들을 빼놓지 않고 잘 챙기는 것이 필요하겠지요. 늘 내 일을 도와주는 분들이니까요.

02 위클래스에 배정되는 업무를 조정하기가 어려워요

새로 배정된 업무 내용을 들여다보면 상담과 전혀 상관없는 업무인 경우도 많습니다. 이럴 때 어떻게 해야 할지 난감해집니다. 이러한 업무를 접할 때 가장 중요한 것은 해당 업무가 왜 위클래스 업무가 아닌지 내가 먼저 정확히 파악하는 것입니다. 무조건 나의 일이 아니라고 우길 수는 없으니까요.

공문이 배분되면 공문을 접수하기 전에 먼저 공문의 내용과 첨부파일에 있는 내용을 꼼꼼히 읽어 보세요. 제목과 달리 어느 부서의 일인지 명확하게 구분되는 경우가 많습니다. 업무의 성격이 애매할 때도 상담과 관련 없는 부분을 잘 확인하여 담당 부장이나 교감선생님과 상의하세요. 관내에 해당 업무를 위클래스에서 얼마나 담당하고 있는지, 담당하지 않는 업무는 왜 담당하면 안 되는지 등을 잘 알아보고 의논하는 것이 좋습니다. 업무에 대해서는 감정적으로 접근하지 말고 논리와 근거를 가지고 이성적으로 접근해야 합니다.

학교에 따라 다양한 상황을 고려하되 우리가 해야 하는 주된 일이 아이들의 위기 상황에 대처하고 위기 아이들을 상담하는 것임을 설명합니다. 그리고 해당 업무를 하는 것이 우리가 해야 할 가장 중요한 일인 상담할 시간을 뺏는 것은 아닌지 차분하게 장단점을 들어서 설명해 주세요. 바로 받아들여지지 않아도 이해의 폭을 넓혀 주는 것은 상담 시간 확보를 위해 필요합니다.

03 담임교사가 상담 내용을 물어봐요

우리 반 학생이 위클래스에서 상담을 받고 있다면 도대체 어떤 문제로 상담을 받고 있는지, 알아야 하는 부분이 있는지 담임교사로서 궁금할 거예요. 하지만 내담자의 상담에 대한 비밀을 보장해야 내담자와의 관계도 깨지지 않을 테니 상담교사는 중간에서 곤란할 수밖에 없습니다. 학교 안에서 학생의 문제 해결을 위해 교사 간 협력은 꼭 필요합니다. 그래서 학생과의 상담 내용 유출에 대한 오해를 줄이면서 선생님들과도 적절한 협력 관계를 유지할 수 있는 방법을 소개합니다.

학생 상담을 처음 시작할 때 '상담동의서'를 받을 겁니다. 대부분 상담동의서에는 상담 시간 지키기, 비밀 유지에 대한 약속, 비밀 유지 예외조항에 대한 안내, 녹취에 대한 안내 등이 담겨 있습니다. 여기에 "경우에 따라 내담자와 합의 하에 상담 소견을 보호자나 교사에게 전달할 수 있다."라는 조항을 넣어 둡니다. 그리고 상담 내용을 모두 알리는 것이 아니라 그야말로 상담자의 소견을 이야기하는 것임을 설명합니다. 이러면 대부분의 학생은 잘 이해해 줍니다. 그리고 매번 상담을 마칠 무렵 내담자의 피드백을 받으면서 오늘 이야기한 것 중 반드시 비밀로 해야 할 부분이 무엇인지 내담자에게 물어봅니다. 이렇게 하면 학생도 자신의 상담 내용이 어디까지 지켜질지 미리 인지하고 안심할 수 있습니다. 그리고 담임교사가 상담 내용 공유를 요청할 경우 학생의 상담 내용에 대한 비밀보장 조항과 관련해 주의를 준 후 교육적 협조가 필요한 부분에 한해서 자문할 수 있습니다.

학교 상담의 경우 학생이 상담한 것을 담임교사(중·고등학교의 경우 교과 담당교사 포함)가 모를 수는 없습니다. 상담교사가 말하지 않았음에도 담임교사가 넘겨짚어 물어본 것이 상담 내용과 일치하는 경우가 꽤 있습니다. 이럴 때 상담교사가 상담 내용을 발설하지 않았는데도 학생이 오해하는 경우가 있습니다. 이런 오해를 받으면 정말 억울하죠.

　상담을 마치기 전에 "우리가 상담한 걸 담임선생님이 아시거든, 아마 네 담임선생님께서는 네가 어떤 걱정으로 왔는지 궁금해하실 수도 있어. 담임선생님이 나에게 물어보면 어떻게 말씀드리면 좋을까? 어느 정도만 이야기해 드리면 되겠니?"라고 학생에게 묻고, 사전에 내담자와 협의된 내용에 대해서만 알리겠다고 이야기하면 됩니다.

　그리고 먼저 가서 이야기할 필요는 없지만 만약 담임선생님이 궁금해하면 내담자와 합의된 내용에 대해서만 이야기를 합니다. 혹시 그 이상을 알고자 하면 학생과 약속한 내용이 있다는 걸 부드럽게 이야기하고 너무 염려하지 않아도 된다고 안내하면 됩니다.

04 학교 내 관리자와 소통을 잘하는 방법이 있을까요?

학교의 관리자와 좋은 관계를 형성하면 위클래스 운영에 많은 힘이 될 수 있습니다. 누군가와 좋은 관계를 맺기 위해서는 자주 만나는 것이 필요하겠죠? 관리자를 만나서 대화하는 것을 어려워하면 관리자와 좋은관계를 이어가기 어렵습니다.

학교의 관리자 대부분은 상담의 중요성을 잘 알고 있지만 간혹 위클래스에서 무엇을 하고 있는지를 잘 모르는 경우도 있습니다. 그러니 관리자가 나의 업무를 그저 알아주길 바라는 것보다 한 걸음 나아가 관리자와 업무 관련 이야기를 나누는 것이 좋습니다. 우리가 상담할 때도 학생에게 요즘 어떻게 지내는지를 먼저 확인하는 것처럼, 행사나 프로그램을 운영하려고 할 때 관리자에게 바로 결재를 올리는 것보다 계획서를 미리 출력해 알리는 것도 좋은 방법입니다. 이를 통해 행사의 목적과 사유를 설명하면서 상담교사가 하는 일에 대해서도 이해시키고 업무 관련 협조가 필요한 부분 등을 말할 수 있습니다. 또, 관리자가 원하는 방향이나 바람이 무엇인지를 확인할 수도 있습니다. 이런 과정에서 내 생각보다 좋은 방안을 제안해 주는 경우도 많이 있습니다.

프로그램을 진행한 후에는 구체적인 협조 등에 대한 감사의 인사를 메신저로 전하는 것을 추천합니다. 관리자도 속상하고 힘들어하는 부분이 있을 수 있습니다. 일에 대해 이야기 나누며 자연스럽게 서로 어려운 부분을 나누게 되면 학교 안에서의 관계가 긍정적으로 진전되는 것을 확인할 수 있습니다.

전문가로서의 모습을 보여 주는 것도 필요합니다. 위기 학생의 위기관리위원회 참여 시 전문가적인 의견(가끔 전문적인 용어도 사용하면서)을 내면서 신뢰감을 형성하는 것도 나를 알리는 좋은 방법입니다.

05 부담스러운 내담자의 학부모, 어떻게 만나면 좋을까요?

위클래스에서 만나는 학부모는 두 가지 유형으로 나뉩니다. 심리적으로 매우 어려운 위기를 겪는 학생의 학부모이거나 학폭이나 선도규정에 의해 특별교육으로 의뢰되어 온 학부모입니다. 요즘 많은 선생님이 힘들어하는 것이 학생생활지도와 학부모의 항의성 학교 방문 등입니다. 어려움을 겪는 학생의 학부모가 학교에 방문했을 때 학부모를 대하는 마음의 준비와 함께 참고할 만한 방법을 소개합니다.

먼저 학부모의 말을 경청하고 있다는 태도를 보여 줍니다. 메모를 하면서 학부모의 이야기를 끝까지 듣고 비언어적 공감의 태도를 보이는 것이 아주 중요합니다. 이야기를 들은 후 학부모의 바람이 무엇인지 물어봅니다. 그리고 그 바람을 이루기 위해 학부모가 가정에서 해야 할 일, 학교에 협조해 주어야 할 것 등에 대해 이야기를 이어 나갑니다.

모든 학부모는 자녀가 학교를 안전하고 행복하게 다니기 원합니다. 학부모의 자녀가 진정으로 가장 학교에 적응해서 생활할 수 있는 방향으로 상담을 진행하면 상담 결과가 긍정적으로 나타납니다. 학부모와 더 신뢰감이 형성될 경우에는 학부모 자녀 양육 태도 등 심리검사를 진행하면서 학부모가 자녀를 이해할 수 있는 자료를 제시하며 상담을 진행하면 많은 도움이 됩니다.

선생님들의 부담감은 당연합니다. 학부모를 상대하는 것은 경력직 교사라도 어렵습니다. 특히 어려움이 있는 학생이나 학교에서 문제를 일으킨 학생의 학부모라면 자신이 비난 받을 것에 대한 방어가 심하기 때문에 더욱 어렵습니다. 하지만 학생을 온전히 이끌기 위해서는 학부모의 협력이 꼭 필요합니다. 그래서 제가 교과교사 때부터 학부모 상담을 해 오면서 학부모의 협조를 이끌어 내는 데 실패하지 않았던 상담 노하우를 알려드리겠습니다.

먼저 학부모에게 자녀를 기르는 데 얼마나 수고가 많은지 그 노고를 인정하면서 위로합니다. 이때 대부분 학부모는 자신이 비난 받지 않을 것에 대해 마음을 놓습니다. 다음으로 학부모의 이야기를 되도록 끝까지 들어 줍니다. 그동안 힘들었던 이야기며 학부모로서 정서를 쏟아낼 때 학부모의 편에 서서 마음을 충분히 풀어내도록 합니다. 화를 낼 경우 적절히 학교의 입장을 대변하면서도 끝까지 이야기를 들어 주어야 합니다. 사실 이런 부분은 학부모를 내 편으로 만들기 위한 가장 중요한 과정입니다. 이어서 학생의 장점에 대해 이야기를 합니다. 아주 작은 것이라도 잘하는 것이나 좋은 점을 이야기하면 싫어하는 학부모는 없습니다. 그리고 그럼에도 현실적으로 당면한 문제, 어떻게 학생을 학교에 잘 적응시킬 수 있을지에 대하여 이야기합니다. 여기서의 포인트는 '우리는 당신의 자녀가 학교에서 잘 적응하기를 원해요. 그래서 당신의 도움과 협조가 필요합니다.'라는 메시지를 학부모가 느끼게 하는 것이지요. 물론 학부모가 바라는 학생의 모습에 대해서도 이야기를 나누고요.

이렇게 상담을 하면 시간이 오래 걸릴 수도 있지만, 학부모들은 대체로 마음을 풀고 학교에 협조적인 태도를 갖게 됩니다. 물론 중간에 기복이 조금 있을 수 있지만, 학생에 대한 선생님들의 진심을 믿고 다시 협조하게 됩니다. 그래서 학부모 상담 시간을 충분하게 배정해 두는 것도 요령입니다.

06 소진되어 가는 나를 위한 처방전은?

4~5년 차쯤 되었을 때 문득 내가 지금 뭘 하는 거지? 제대로 하고 있기나 한 건가? 하는 느낌과 함께 그만두고 싶다는 강력한 마음이 찾아왔습니다. 딱 그 시기에 건강도 안 좋아졌고요. 나만 그런 것 같은 마음에 힘들던 때에 함께 상담으로 전직한 선생님들과 이야기를 나누게 되었습니다. 그리고 깨달았습니다. '앗, 나만 그런 게 아니었네!' 허한 마음, 힘든 마음, 이유도 모르는 공허함을 같이 이야기하다가 같이 한숨 쉬고 공감하고 그러다 웃기도 하면서 힘을 얻었던 기억이 있습니다. 소진은 내가 열심히 달릴 때, 열심히 일하느라 자신을 미처 살피지 못한 상태에서 오더라고요. 그 후로 소진으로부터 나를 지키기 위해 여러 가지를 시도해 보고 있습니다.

나를 위한 10분 : 아침은 늘 바쁩니다. 상담자의 아침은 학교에서의 일상적 업무 외에 오늘 만나야 할 내담자들에 대한 기록을 다시 살펴보고 상담의 방향도 생각해 두는 등의 일이 포함되죠. 그렇기에 좀 덜 급하게 아침을 맞이하려고 합니다. 출근해서 나를 위한 차 한 잔의 시간을 갖습니다. 오늘 해야 할 일들을 떠올리기 전 우리가 내담자들에게 늘 권하는 바디스캔 또는 잠시의 명상을 해보는 것이지요. 비록 넉넉한 시간을 가질 수는 없지만 잠시 심호흡과 함께 머리끝에서 발끝까지 살피는 것이 도움이 됩니다. 할 수만 있다면 상담은 2교시부터, 1교시에는 상담해야 할 아이들의 자료를 미리 살펴보는 시간으로 하면 좋더라고요.(실제로는 제 마음 같진 않아요. 돌발 상황이 많습니다.)

상담실 문은 변화의 통로 : 저는 해결중심 상담을 기반으로 하고 있습니다. 그래서 오늘을 마칠 때 만족하고 가는 것을 가정하고, 아침에 문을 열어 보려 합니다. 무의식적으로 할 수 있는 일이 아니어서 의식적으로 하고 있습니다. 문을 열면서 나는 준비된 상담자라며, 상담자의 가운을 입는 상상을 합니다. 그리고 퇴근할 때는 그 가운을 벗어 놓고 가는 것을 상상합니다. 집에 갈 때는 상담 내용도 내려놓고 갑니다. 상담실 문을 통해 학교의 일과 개인의 삶을 분리하는 거죠. 의식적으로 하다 보면 자연스럽게 몸과 마음이 따라오더라고요.

동료 상담 : 우리도 공감할 수 있는 사람들과 시간을 갖는 것이 매우 중요합니다. 최고의 공감자는 동료 학교 상담자들입니다. 저는 오래된 상담교사들과의 모임을 통해 큰 위로와 힘을 얻습니다. 맛있는 음식과 함께하면 더없이 좋겠죠? 힘든 마음을 이야기하고 싶은데 비밀 유지를 해야 하니 친구들에게는 말하기 어려운데, 상담교사들은 내용을 말하지 않아도 상황을 이해하니 좋더라고요. 한두 명 정도의 신뢰할 수 있는 동료 상담가의 존재만으로도 최고의 공감과 지지를 얻을 수 있습니다.

감정카드 활용 : 내담자들에게 자주 사용하는 방법이죠? 감정카드에서 지금 나의 감정을 찾아보고 이 감정이 왜 일어났는지, 조용히 생각해 보고 그 감정을 인정해 줍니다. 나를 알아차리고 위로할 수 있는 좋은 방법입니다. 지금 나의 감정을 알아주는 일도 중요합니다.

나를 위한 특별한 시간 만들기 : 잘 먹고, 잘 자고 있나요? 몸이 건강해야 마음도 편안합니다. 저의 올해 목표는 일주일에 3번 이상 운동하기입니다. 걷기라도 말이죠. 그리고 일부러 카페에 가서 책을 보는 시간을 갖고 있습니다. 그러면 내 시간이 좀 특별해지더라고요. 휴일이라도 나를 위한 시간을 꼭 만들어 보세요.

상담교사의 첫발을 내딛고 4년쯤 지나면서 내담자의 어려운 문제들에서 분리되지 못한 채 소진되어 가는 나를 발견했습니다. 내 문제를 해결하지 못하면 내담자의 어려움을 정확히 바라보기 어렵다는 것을 인지했고, 그때부터 내 마음을 체크하는 습관을 가졌습니다. 제가 잘 사용하는 방법은 감정카드, 이미지카드, 명상하기, 하늘을 바라보며 긴 호흡하기, 천천히 걷기 등입니다. 지금 지쳐 있다면 본인만의 방법으로 내 마음을 알아차리고 소진된 나를 회복할 수 있는 방법을 탐색하고 나를 위한 시간을 꼭 가지세요.

상담교사의 소진은 일과 나의 삶을 분리시키지 못해 일어나는 경우가 많다고 생각합니다. 상담자가 내담자에 대해 고민하게 되는 것은 어찌 보면 당연한 것입니다. 다만 그것이 나의 삶에 영향을 줄 정도가 되면 안 되겠죠. 업무로 다른 교사나 관리자와 갈등이 있을 수 있습니다. 그러나 그것이 나에 대한 평가라고 생각하지 마세요. 많은 업무와 상담으로 어찌할 바를 모를 때, 우선순위를 정하고 필요하다면 상담 일정을 조정하세요. 상담교사가 학생의 말을 잘 들을 수 없다면 상담을 하지 않는 것이 낫습니다. 학생들은 생각보다 선생님의 입장을 잘 이해해 준답니다. 그리고 잘 이겨낸 나를 토닥여 주세요. 나를 위한 작은 선물을 하는 것도 좋고요.

7장

난감한 상황 슬기롭게 대처하기

난감한 상황 슬기롭게 대처하기

막 상담교사로 시작할 때의 일입니다. 자해를 한 학생의 학부모에게 학생에 관한 상의를 하고자 전화를 했을 때였습니다. 그런데 학부모가 학생의 상태나, 상황에 대해서는 전혀 묻지도 않고 "우리 아이와 수업 중에 상담하신 거예요? 우리가 알아서 할 테니 상담하지 말아 주세요."라고 하며 전화를 끊는 게 아니겠어요? 아이가 자해를 했다는데⋯ 한동안 멍한 상태로 어떻게 해야 할지 고민을 한 적이 있었습니다. 경험이 쌓이면서 그 학부모는 학생이 수업 중 상담을 받게 되면 수업 결손뿐 아니라 그로 인해 주변 친구들이나 수업 담당교사에게 좋지 않은 이미지로 낙인찍힐까 봐 걱정해서 그런 것임을 알 수 있었습니다.

이처럼 상담교사의 입장에서 볼 때 정말 이해할 수 없는 반응에 부딪치게 되거나 상담교사가 어떻게 대처를 해야 할지, 어떤 답을 줘야 할지 모르겠는 곤란한 상황과 마주하게 될 수 있습니다. 상담교사는 심리적으로 어려움에 놓인 학생들을 주로 만나다 보니 상담 과정 중에 다양한 전이, 역전이 상황을 겪기도 하고 예상치 못한 오해가 발생하기도 합니다. 또, 학교폭력과 관련된 사안에서는 피해자 상담과 가해자 교육을 동시에 해야 하는 이중관계에 놓이기도 하죠. 분명 상담교사의 업무는 아니지만 학생과 관련된 여러 가지 일을 상담교사에게 문의하거나 업무에 대한 책임감을 느껴야 하는 경우도 많습니다. 그래서 이 장에서는 여러 가지 어려운 상황 중 선생님들이 유독 궁금해하는 것들, 흔히 직면할 수 있는 상황들에 대해 이야기 나누어 보려고 합니다.

01 보호자가 위클래스 상담을 원치 않아요

학년 초에 신입생을 대상으로 '위클래스 상담 및 수업 중 상담동의서'를 통해 보호자의 위클래스 상담에 대해 사전 동의를 받는 절차를 거치게 됩니다. 학생들이 위클래스를 편하게 이용하고 위기 상황이 발생했을 때 상담교사가 빠르게 개입할 수 있도록 하기 위해서입니다. 대부분은 상담에 동의하는 것으로 표시해 오지만 간혹 보호자가 동의하지 않는 경우가 있습니다.

보호자가 학교 상담을 원치 않을 때는 보호자의 의견을 인정해 주면 됩니다. 학교상담에 대해 신뢰하지 못해서일 수도 있고, 자신의 자녀가 문제 있는 학생으로 인식되는 것이 싫어서일 수도 있습니다. 아니면 학교에서 상담 받을 일이 없을 것이라 생각하고 동의하지 않은 것일 수도 있고요. 상담교사에 대한 거부가 아니니 상처받지 마세요. 단, 보호자의 상담 동의가 없는 학생을 보호자 동의 없이 상담했을 때 민원의 소지가 발생할 수 있으니 해당 학생의 명단을 작성해 두는 것이 필요합니다.

'위클래스 상담동의서'를 회수하면서 자신의 학급에서 상담 비동의에 표시한 학생이 있을 경우 당황하고 놀라는 담임교사들이 있습니다. "이 학생들에게 어려움이 생기면 위클래스에서 상담 못 받는데 어떻게 하나요?" "보호자에게 전화로 설명해도 비동의한다고 하는데 걱정입니다."라고요. 이런 담임교사에게도 학생에 대한 상담 개입이 필요할 때는 '학생 상담 의뢰서'에 학부모 동의를 받아 위클래스에 의뢰하면 언제든지 상담할 수 있다는 것을 안내해 주면 됩니다.

가끔 보호자에게 상담 동의를 받지 못한 학생이 자발적으로 위클래스에 상담을 신청하는 경우가 있습니다. 이런 경우 상담을 하기 위해서는 보호자 동의가 필요하다는 점을 학생에게 안내하고 보호자에게 동의를 받아 오도록 합니다. 이때 동의서는 학년 초 발송했던 가정통신문을 사용하면 됩니다.

보호자가 위클래스 수업 중 상담에 동의하지 않는 경우, 담임교사에게 협조를 받아서 상담에 비동의하는 이유를 확인하고 상담교사가 보호자에게 전화할 수 있다는 것을 안내합니다. 막상 보호자와 통화를 해보면 보호자가 상담에 대한 이해가 부족하거나, 학교 상담이 아닌 외부 상담에 무조건 의뢰하는 것으로 오해하여 비동의에 표시한 경우가 많습니다. 이런 부분에 대해서 자세하게 설명하면 대부분 상담에 동의합니다. 학생의 수업에 지장을 줄까 걱정하는 경우, 아침에 수업 전이나 점심시간, 방과 후, 창체 시간 등을 활용한다고 안내하면 대부분 동의하는 편입니다. 그래도 동의하지 않는 경우에는 보호자의 결정을 공감해 주고 학생상담이 학생의 성장과 발달에 도움이 되기에 필요하다는 것을 다시 설명해 주세요. 그럼에도 보호자가 반대하는 경우에는 보호자의 의견을 수용하고 보호자를 설득하기 위한 과정을 상담기록으로 남겨 두면 됩니다. 또한, 보호자에게 언제든지 보호자 동의하에 상담을 신청하여 진행할 수 있음을 안내하고 자해 등의 위기 상황이 발생하거나 정서행동특성검사 결과에 따라 학생이 관심군으로 분류되면 보호자 동의 없이도 법령에 의해 상담이 진행될 수 있음을 안내합니다.

02 학교폭력 사안이 발생하면 어떻게 해야 하나요?

학교폭력 사안이 발생했을 때 간혹 상담교사가 학교폭력 사안 처리를 위해 어떻게 해야 하나 당황하는 경우가 있습니다. 학교폭력 담당교사가 따로 있다는 것조차 모르는 선생님도 있더라고요. 학교폭력 사안 처리는 상담교사가 개입할 일이 아닙니다. 초등이든 중등이든 학생안전부에 학교폭력 업무를 담당하는 교사가 따로 있습니다. 상담교사가 학교폭력전담기구에 속해 있기는 하지만 학교폭력 접수, 사안 조사, 전담기구개최 및 특별교육 기안 및 후속 조치는 모두 학교폭력 담당교사가 해야 하는 일입니다. 학교 폭력 사안으로 인해 학생과 학부모를 만나고 상대하는 모든 일도 학교폭력 담당교사의 일입니다. 상담교사는 상황에 따라 담당교사가 의뢰하는 경우 학교폭력 피해학생의 심리상담을 진행하고 학교폭력 대책심의위원회의 심의 결과 조치(피해자 제1호, 가해자 제1호와 제9호 제외한 모든 조치)가 내려진 경우에 피해학생 심리상담 및 가해 학생과 보호자의 특별교육만 실시하면 됩니다. 이마저 외부기관으로 의뢰하는 경우가 많습니다. 학교폭력 처리 절차를 알고 있으면 담임교사가 문의할 때 알려 주거나 진행 사항을 이해할 때 도움이 되겠죠?

상담교사가 학교폭력 사안의 절차를 정확히 이해하지 못하면 자칫 잘못된 정보가 안내될 수 있으니 꼭 확인할 필요가 있습니다. 학교폭력 사안처리 순서는 대략 다음과 같습니다. 자세한 내용은 교육부에서 제공하는 『학교폭력 사안처리 가이드북』을 참고하면 됩니다.

학교폭력 사안 처리 절차

1. 학교: 학교폭력 사안 확인 시 사안 접수, 피·가해자 상태 확인 후 지역교육청에 사안 보고(피·가해학생의 분리 조치가 필요한 경우 긴급 조치 시행)
2. 지역 교육청: 학교폭력 사안 접수·보고 시 학교폭력제로센터에서 조사관 배정(학교 방문- 피·가해자 학생 및 학부모 면담, 사안조사결과보고서 작성 후 해당 학교·학교폭력제로센터에 보고)

3. 학교: 사안조사결과보고서를 바탕으로 전담기구 심의 개최(심의 내용
   은 학교 내 자체 해결 가능 여부)
   가. 자체해결 사안(종결): 자체해결통보 및 관계회복 프로그램 운영
   나. 자체해결불가 사안: 교육청에 심의 요청
4. 자체해결불가 사안: 지역교육청에서 접수, 보고서 확인 후 심의위원
   회 개최 및 조치 결정(해당 사안 보완 요청 시 학교폭력제로센터에서 조사)
5. 학교: 심의위원회 조치에 따라 조치 이행 및 학생부 기재, 가해학생
   보호자 특별교육, 사후지도

사안에 따라 학교폭력예방법 제 16조(피해학생보호)에 의해서 〈학내외 전문가에 의한 심리상담 및 조언(1호)〉을 우선적으로 조치하는 경우 위클래스에서 상담을 진행하는 경우가 있습니다. 학교폭력 사안은 피해학생과 가해학생 모두에게 민감한 일이기 때문에 상담 진행 시 알아 두면 좋은 것을 몇 가지 소개합니다.

먼저 학교폭력대책심의위원회 결정이 나오기 전까지 상담교사는 상담 시 '피해학생'이나 '가해학생'이라는 용어 사용을 자제합니다. 또한 상담 시 관련 학생들이 마주치지 않도록 시간 간격을 두어 개별 상담으로 진행합니다.

피해학생 상담 시 학생의 심정을 충분히 듣고 공감하며 학생의 욕구를 정확하게 파악하는 것에 중점을 둡니다. 그리고 이에

대해 잘 기록해 놓는 것이 필요합니다. 혹시 상담교사가 섣불리 판단해서 "가해학생의 조치가 이렇게 될 것이다." "원만하게 풀어 가 보자."라는 등의 조언을 하면 갈등을 심화시킬 수 있으니 삼가야 합니다.

가해학생 상담 시에는 본인의 행동이 가져온 결과에 대해 인지할 수 있도록 이야기를 이끌어 가면서 이러한 상황에 처하게 된 요인과 해결방안을 탐색하는 데 중점을 둡니다. 피해 및 가해 학생의 지속적인 상담이 필요해서 학교에서 양측 학생을 모두 상담할 경우, 상담교사가 이중관계에 놓이는 등 여러 가지 어려움이 발생할 수 있으므로 외부 상담 기관과의 연계도 적극 추진해 볼 필요가 있습니다.

특히 성폭력 사안과 연결되어 있는 경우 더욱 조심스럽게 접근해야 합니다. 성폭력 사안에 대한 상담은 성폭력 담당교사가 진행하도록 하는 것이 좋습니다. 학교마다 성폭력 담당교사가 지정되어 있으니 미리 확인해 놓도록 합니다.

03 상담 기록 공개 요청에 어떻게 대응해야 할까요?

학교 상담에서는 비밀상담을 원칙으로 진행하고 있으나, 종종 상담 기록을 요청 받기도 합니다. 이런 경우 학교 상담이 가지고 있는 특수성으로 인해 상담교사는 갈등을 겪게 됩니다. 상담 기록에 대한 공개 요청은 주로 학부모에 의한 상담 기록 요청이나 법적인 공문서에 의한 상담 기록 요청이 있습니다. 일단 학생에게 비밀보장 외의 규정을 사전에 정확하게 안내하는 것이 중요합니다. 비밀보장에 대한 내용과 법률 조항들을 미리 알아보고 문제가 생기지 않도록 준비해야 합니다.

학교상담 비밀 보장에 대한 법령

1. 대한민국 「헌법」 제17조
2. 「교육기본법」 제23조의 3(학생정보의 보호원칙)
3. 「국가공무원법」 제60조(비밀엄수의 의무)
4. 「학교폭력예방 및 대책에 관한 법률」 제21조(비밀누설금지 등)
5. 「아동·청소년의 성보호에 관한 법률」 제23조(비밀누설금지)
6. 「가정폭력범죄의 처벌 등에 관한 특례법」 제18조(비밀엄수 등의 의무)
7. 「초중등교육법」 제30조의 6(학생 관련 자료 제공의 제한)

상담 학생 학부모로부터 상담 내용을 요청 받는 경우, 모든 상담 내용은 비밀보장을 전제로 한 것임을 알리고 자녀에게 직접 물어볼 수 있도록 안내합니다. 이것이 어려운 경우 학생에게 먼저 이러한 요청이 있었다는 것을 알린 뒤 서로 합의된 내용 안에서 학부모에게 자문할 수 있습니다. 하지만 언제나 학생의 동의가 우선되어야 하고, 학생이 원하지 않는 내용은 공개할 수 없다는 걸 확실히 해야 합니다. 그럼에도 학부모가 완강히 요청하거나 학생의 상황이 학부모의 도움이 있어야만 나아질 수 있는 경우, 학생의 동의를 얻어 학생에게 도움이 되고 가정에서 도움과 협조가 필요한 부분에서 정보를 제공할 수 있습니다. 또한, 비밀보장 예외 상황인 경우라도 이를 알릴 때는 학생에게 알려야 하고 동의를 구해야 합니다. 만일 학생이 동의하지 않으면 학생을 잘 돕기 위해 꼭 필요한 일이라는 점을 잘 설득하고 이러한 과정을 상담일지에 기록해 놓아야 합니다.

간혹 법원에서 상담 관련 정보를 요구하는 공문이 오기도 합니다. 이 경우 공문에 보호자와 당사자의 동의서가 포함되어 있는지 확인해야 합니다. 동의서가 없을 시 해당 기관에 동의서를 요청합니다. 보호자 및 당사자의 동의를 받는 것은 상담교사의 일이 아니고, 공문을 발송한 기관의 소관입니다. 학생 및 보호자의 동의가 확인되면 학생의 권익이 침해되지 않는지 신중히 검토해야 하는데, 이때는 상담교사 혼자 결정하지 말고 관련 부서의 담당자와 관리자 등과 면밀히 검토한 후 결정해야 합니다.

상담 기록은 상담확인서로 전달하거나 상담소견서 형식으로 상담 내용을 재진술하여 공문으로 발송해야 합니다. 재진술할 때는 상담 일시, 회기, 상담 내용을 개조식으로 작성하면 됩니다. 상담 내용 작성 시 상담자 개인의 소견을 쓰기보다는 학생의 진술과 객관적 사실 위주로 작성하고 정신의학적 용어(우울증, 공황장애 등)는 절대 사용하지 않습니다.

이렇게 학생의 상담 기록은 일정한 요청에 의해 공개될 수 있으므로 이에 대하여 학생에게 상담 회기가 끝날 때마다 공개할 수 있는 범위를 확인해 놓는 것이 좋습니다. 그리고 상담일지는 정보 공개를 염두에 두어야 하기 때문에 불필요한 정보는 최소화하여 작성합니다. 정보를 공개하기 전에 학생에게 공개 동의 여부를 다시 확인받아야 합니다.

상담 사실 확인서

1. 인적 사항

성명		성별		
학교		학년/반		(년)

2. 상담 확인 내용

구분	내용
상담 확인서 요청 관련 기관 및 문서 번호	
상담 일시	2020.00.00 ~ 0000.00.00
상담기관 및 상담장소	00 학교 위클래스 상담실
상담자	전문상담교사 000
의뢰 사유	
상담 진행(완료) 회기	간단한 상담 내용만 기술(친구간의 갈등/ 가족갈등/ 우울문제)
참고사항	

위와 같이 000교에서 상담하였음을 확인합니다.

20 년 월 일

확인자   서명

000 학교장

상담 사실 확인서 예시

*참고 자료 : 『전문상담교사를 위한 학교상담 실무 길잡이』 경기도교육청(2020)

04 특별실을 번갈아 다니는 학생을 지켜봐야 하나요?

특별실을 번갈아 찾는 학생들 중에는 또래와 어울리는 것을 어려워하는 학생이 많습니다. 단순히 학생이 특별실을 번갈아 다니는 것을 문제라고 생각하기보다 어떤 학생들이 지금 교실에 들어가지 않고 특별실에 의존하는지 살펴보고 추적할 수 있는 시스템을 만드는 것이 좋습니다. 본교에서는 위클래스, 진로상담실, 보건실 등 특별실을 담당하는 교사들이 정기적인 협의를 통해 학생들의 정보를 교환하고 있습니다. 정기적으로 일주일에 한 시간 정도 특별실 교사들끼리 모임을 갖는 것도 좋은 방법입니다. 상담 내용이나 학생의 사안을 공유하진 않지만 학생의 상황에 따라 연계하기도 하고 학생을 적절한 곳으로 안내하기도 합니다. 이렇게 파악된 학생들이 어떤 문제를 가지고 어디에 머무르는지 관리하는 것도 필요합니다. 결국 이런 아이들에게 정서적인 도움을 줄 수 있는 곳은 위클래스가 되겠죠.

위클래스에 자주 오는 학생들은 보통 보건실에도 자주 방문합니다. 실제로 아픈 경우도 있고 신체화 증상으로 보건실에 가는 경우도 많습니다. 이런 경우 심리 검사 등을 통해 전환 장애나 건강염려증 등을 확인합니다. 증상이 확인된 경우 학생의 건강 상태를 확인하고, 아픔이 감소된 경우라면 그 요인을 탐색하고 격려해 주며 상담을 진행합니다. 하지만 진로실이나 복지실 등을 번갈아 가며 수업을 빠지는 학생을 대상으로 여러 군데에서 상담이 진행될 경우 오히려 학생의 혼란을 초래할 수 있습니다. 이럴 때는 학생이 먼저 받고 싶어하는 상담을 진행하고 앞선 상담이 종료된 이후 위클래스 상담이 진행된다는 것을 안내합니다.

05 학생이 상담 시간을 마음대로 정하고 싶어해요

때로는 학생이 상담교사에게 너무 의지한 나머지 거의 매일 어려운 마음을 호소하면서 상담실에 있고 싶어하는 경우가 있습니다. 학급에서 지내기 힘든 경우 담임교사나 교과교사가 매일 상담을 의뢰하는 경우도 있고요. 이런 학생들로 인해서 상담 일정이 흐트러지면 다른 학생들의 상담에 차질이 생기기도 하고 교사의 피로감이 과하게 누적될 수 있습니다. 또 이런 식의 지나친 의존은 학생의 상태에 긍정적인 변화를 주기 어렵습니다. 저는 이런 학생에게 쉬는 시간에는 얼마든지 위클래스에 머무를 수 있지만, 상담만큼은 예정된 시간에만 가능하다는 것을 잘 설명해 줍니다. 그러나 꼭 필요한 경우 협의 후에 추가로 상담 시간을 정할 수 있다는 것을 안내합니다.

가끔 담임교사가 학생이 계속 위클래스에 머무를 수 있는지 문의하기도 합니다. 이 경우 담임교사에게도 왜 학생이 위클래스에 계속 머무를 수 없는지에 대하여 설명합니다. 물론 언제나 예외적인 상황은 존재합니다. 위기 상황이 발생했을 경우 상담교사의 판단에 따라 학생을 위클래스에서 보호할 수도 있습니다.

간혹 학생이 상담을 신청하면서 "바로 다음 시간에 하면 안 돼요?"라고 묻는 경우가 있습니다. 이유를 물어보고 "다음 시간은 다른 학생의 상담이 예정되어 있는데 다른 시간은 어떠니?"라며 상담 시간을 조정해 봅니다. 만일 수행평가 준비가 덜 되었거나 수업 과제가 미비하여 수업에 들어가고 싶지 않아 회피성 상담을 신청한 경우에는 "그냥 상담 안 할래요."라고 하기도 합니다. 그러나 이유를 말하지 않고 머뭇머뭇하며 망설이면 담당 교과교사와 마찰이 있었는지, 아니면 학급 내 교우 관계에 어려움이 있는지 살펴본 후 상담 시간을 조정하여 상담을 진행합니다.

일단 바로 다음 시간 상담은 하지 않는 것이 원칙입니다. 다른 학생들도 위클래스에서 상담을 하고 있고 출장이나 회의, 연수 등 상담교사의 일정도 있기 때문에 서로 배려하는 태도가 필요하다는 점을 알게 할 필요가 있습니다. 담임교사나 교과교사가 학생을 데리고 와서 바로 다음 시간에 위클래스에 머물게 하려 한다거나 상담을 요청할 때도 같은 방법으로 안내합니다. 역시 예외적인 경우는 제외하고요.

 다음 상담 일정을 잡을 때도 간혹 학생이 자신이 원하는 시간만 고집할 때가 있습니다. 이런 때는 다른 학년과 다른 학급의 학생들도 위클래스 상담을 하고 있기 때문에 이미 정해진 다른 학생의 상담 시간을 바꾸기 어렵다는 것을 설명하고 해당 학생과 상의하여 차기 상담 일정을 정합니다. 학생들 중에는 자신이 환경을 통제하려는 욕구가 강한 학생도 있기 때문에 상담교사가 잘 대처해야 합니다.

06 자해하고 온 학생은 어떻게 대해야 하나요?

예상 외로 학교 상담 시 자해 학생 케이스가 많기 때문에 자해에 대한 상담 준비가 되어 있다면 예상보다 빠르게 치유적 접근을 할 수 있습니다. 위기 학생에게는 여러 요인들이 복합적으로 작용되고 있는 경우가 많습니다. 자해 학생이 위클래스에 왔을 때 먼저 공감적이고 수용적인 태도로 학생의 이야기를 잘 들어 주는 것이 중요합니다. 이때 상담교사가 너무 놀란다거나 같이 우는 등의 태도는 피해야 합니다. 지나치게 반응하면 오히려 학생이 자신의 이야기를 다 하지 못하게 할 수도 있으니까요. 그리고 자살할 생각이 없더라도 자해가 위험한 것임을 알려 줍니다. '자살 생각이나 충동성에 대한 면담 양식'에 따라 상담을 진행하고 '자살 금지 서약서(생명존중서약서)'를 학생과 함께 작성합니다. 이를 위해서는 해당 양식을 미리 준비해 놓아야겠지요.

본격적인 상담으로 들어가면, 면담 양식으로 학생의 위기 상황을 확인하고 학생을 재단하지 않고 있는 그대로 수용하는 태도가 중요합니다. 학생이 상담교사를 신뢰할 수 있도록 학생이 자해 행동을 할 수밖에 없는 상황을 적극적으로 경청하고 탐색해야 합니다.

학생의 자해 행동이 자살 사고로부터 비롯된 것인지 비자살적 자해 행동인지를 질문을 통해 파악해야 합니다. 이때 자살 시도 등 단어를 돌려 말하는 것보다 자연스럽게 직접적으로 언급하는 것이 좋습니다. 자해의 동기가 무엇이든지 학생이 현재 본인의 문제를 파악하고 자해가 아닌 새로운 대응 방법을 탐색할 수 있도록 상담을 진행합니다.

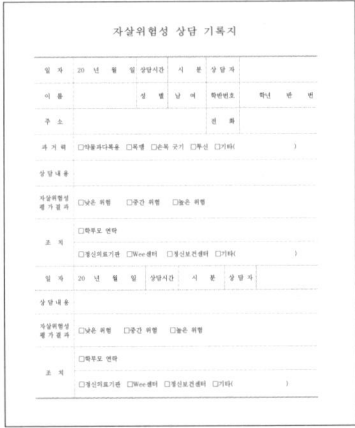

자살위험성 상담 기록지 예시

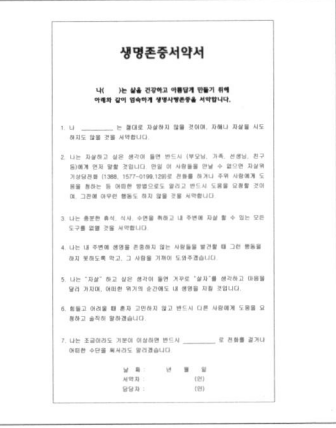

생명존중서약서 예시

자해나 자살 사고는 상담의 비밀보장 예외 사안이기 때문에 보호자에게도 알려야 한다는 점을 학생에게 명확히 전달해야 합니다. 자해 시도 학생의 초기상담은 매우 중요합니다. 상담교사를 신뢰하지 못하는 경우 학생이 마음을 더욱 닫을 수 있기 때문이죠. 이후에는 위기관리위원회를 통하여 담임교사, 보건교사 등과 협력하여 다각적으로 학생을 도와야 합니다.

자해(비자살성자해)는 아이들의 좌절과 고통에 대한 호소입니다. 다른 방법을 찾지 못해서 선택한 것입니다. 좌절한다는 것은 다르게 보면 '원하는 것'이 있다는 의미이기도 합니다. 저는 아이들의 지금까지의 수고를 인정해 주면서, 아이의 마음을 들으며 아이가 원하는 것을 찾고, 아이가 해보지 않은 다른 방법을 탐색해 가는 과정으로 상담을 진행합니다. 자해를 바라보는 태도는 '그 행동에는 동의할 수 없지만 너의 아픔에 대해 듣고 그 고통에 대해서 알아 주고 싶고, 다른 방법을 찾아가는 것을 돕고 싶다'입니다. 이러한 생각들은 심하게 자해를 하던 아이를 상담하며 만들어졌습니다.

그 아이는 "내 마음을 안다고 말하는 어른이 혐오스럽다. 어떻게 아냐?"라는 말을 했습니다. 그 아이와 상담하면서 안 해본 것이 없을 정도입니다. 그럼에도 효과가 없던 아이에게 "정말 너를 위해 더 이상 해볼 수 있는 게 없는 내가 참 없어 보인다."라는 고백을 한 후부터 우리의 상담은 달라지기 시작했습니다. 상담할 때에는 아이들의 호흡과 격정을 가라앉히기 위해 말을 천천히 합니다. 제가 주로 사용하는 질문은 이렇습니다.

- 오늘은 어떤 것이 너를 그토록 힘들게 했어?
- 아 너는 OOO 하고 싶었던 건데 그게 잘 안 된 거구나. 내가 맞게 들은 거니?
- 이번에는 이만큼에서 멈췄네. 어떻게 그럴 수 있었어?(충분히 물어보고 충분히 확장시켜 줄 필요 있음)
- 지난 주간 자해를 안 하고 넘어간 적이 있니?
- 자해를 안 하는 데(덜 하는 데) 아주 조금이라도 도움된 것이 있니?
- 자해 말고 해볼 만한 다른 게 있다면 뭐가 있을까? 한 번 해보고 어땠는지 와서 얘기해 줄래?

아이들도 자해하지 않고도 원하는 것을 할 수 있게 되기를 바랍니다. 아이들이 제시한 대안으로 효과적이었던 것은 '장소 벗어나보기', '조금 버텨보기'였습니다. 해내고 온 뒤 상담에서는 충분한 칭찬과 응원을 통해 강화시켜 주었습니다. 그리고 부모 상담을 통해 부모의 어려움을 인정해 주고, 부모로 하여금 자녀의 자해를 아픔의 표현으로 바라볼 수 있도록 도우면 아이와 부모 모두에게 도움이 되는 경우를 많이 봤습니다.

07 학생이 자해나 아동 학대에 대해 알리는 것을 거부하며 상담도 받지 않겠다고 하는데 어떻게 해야 할까요?

자해나 자살 시도 등의 위험 행동이나 아동 학대 정황을 발견했을 경우 일단 관리자에게 알려야 합니다. 또, 자해 및 자살 시도는 시·도교육청에 보고하고, 아동 학대는 시청이나 경찰서에 신고해야 하는 것은 다 알고 있는 사실입니다. 하지만 이런 정황을 상담 시 발견했을 때 학생이 절대 보호자나 학교에 알리지 말아달라고 사정하는 경우가 있습니다. 이때에는 상담 전 작성한 '상담동의서'에 있는 비밀보장유지 예외 조항을 다시 학생에게 알려 주고, 이는 상담교사가 선택할 수 있는 것이 아닌 의무 조항임을 알려야 합니다. 상담교사가 학생이 처한 위험한 상황을 관리자나 관련 기관에게 알리고 도움을 받는 것이 학생을 보호하는 길이라는 걸 진심을 다해 설명하고 설득하면 대부분의 학생은 이에 대해 인정하게 됩니다. 혹시라도 내가 어떤 조치를 취했는데 학생이 나빠질 것이 걱정된다면 더 신속히 조치를 취하는 것이 좋습니다. 학생의 상황이 위태로울수록 서둘러 관리자와 담임교사에게 알리고 학생이 도움을 받도록 해야 합니다. 그 순간 학생이 겁을 내거나 협박하더라도 학생과의 관계가 깨지는 경우는 거의 없어요. 학생을 위험으로부터 보호하는 것이 우선이고, 상담교사 혼자서 학생을 책임질 수 없음을 꼭 기억해야 합니다.

혹시 이로 인해 학생이 상담을 받지 않겠다고 하더라도, 이 역시 학생의 선택임을 인정해야 합니다. 상담교사가 학교에 알리고 신고한 것 때문에 상담을 받지 않겠다고 하면, 그 사실을 담임교사와 관리자에게 알리고 담임교사에게 학생에 대한 관리와 상담을 전적으로 위임하면 됩니다. 다만 담임교사가 감당할 수 없는 사안이 생기면 학생과 학부모의 동의를 얻어 위클래스로 의뢰하도록 해야 합니다. '완전히 손을 뗀다.'가 아니라 '일단 손 뗄 테니 필요할 땐 언제든지 의뢰하세요.' 정도로요. 모든 학생의 심리적 문제를 상담교사가 개입할 수는 없고 그럴 필요도 없습니다.

08 병원 진단 후 받은 약을 먹이지 않는 학부모가 있는데 괜찮을까요?

자칫 상담교사가 빠지기 쉬운 딜레마 중 하나가 모든 내담 학생을 상담교사가 책임져야 한다는 생각이죠. 상담교사는 학생의 어려움을 함께 극복해 가도록 돕는 조력자일 뿐 그들의 보호자가 아님을 인지해야 합니다.

코로나19 이후로 정신과 방문이 늘어나고 우울증이나 공황 등 여러 정신 장애 진단을 받는 학생이 많아졌습니다. 약을 받아 복용해야 하는 경우가 발생하기도 합니다. 그런데 상담하는 학생이 진단을 받고 약을 처방 받은 사실을 알고 있는데, 조금 나아지면 학부모가 약을 챙겨 먹이지 않거나 병원에 데리고 가지 않아 학생의 상태가 악화되는 경우도 있습니다. 상담교사의 입장에서는 매우 안타까운 상황이죠. 담임교사를 통해서나 학부모 상담을 요청하여 이에 대해 이야기를 나누어 볼 수는 있지만, 학생을 병원에 데리고 가거나 학생에게 약을 먹이는 것은 상담교사의 일이 아닙니다. 이런 역할은 어디까지나 보호자의 몫이지요. 이 때문에 학부모를 비난하거나 등질 필요 없습니다. 자신의 자녀가 심리적 어려움을 벗어났다고 생각하고 싶은 학부모의 마음이 있다는 것을 충분히 이해하고 접근해야 합니다. 또한, 이처럼 병리적인 학생은 상담교사의 소관이 아니라 보건교사의 관리 대상이라는 것도 알아야 합니다. 병리적인 경우 진단이 필요하고 진단명이 주어지면 질병으로 분류되기 때문에 건강 관리 대상에 포함되게 됩니다. 그러므로 이런 경우 보건교사와 학생의 관리에 대해 상의하고 협력하면 좋습니다. 상담교사는 학생이 학교에서 잘 적응하고 졸업할 수 있도록 돕는 것이 최선이라는 것을 생각하면 됩니다.

09 학생 위기 사안이 발생했을 때 대처 방법이 궁금합니다

위기 사안은 학생의 신체적, 정신적 손상을 가져오거나 안전에 위협이 되는 상황 또는 학업 중단의 위기 등을 말합니다. 학생들의 어려움은 자살, 자해, 중독, 질병 등 내부 요인으로부터 기인한 위기 상황과 학교폭력, 아동학대, 성폭력, 가정문제 등 외부 요인에 의한 위기들이 뒤섞여 있기 마련입니다. 그래서 위기 학생의 상담은 다각적인 방면에서 신중하게 접근하는 마음과 태도가 중요합니다.

자살 및 자해 위기 사안

상담의 첫 회기에서 학생에게 비밀보장 원칙의 예외인 위기 사안에 대해서는 보호자 및 학교에 고지해야 한다는 것을 안내하고 있습니다. 이러한 사안은 위기관리위원회를 통해 관리하는 것이 원칙입니다. 위기관리위원회는 대개 학생부에서 운영하지만 상담교사는 의무적으로 참석하게 되므로 위기관리위원회 과정과 상담교사의 역할을 알아 두면 좋을 거 같아서 안내합니다.

> 1. 위기 사안 발생: 학생 상담 및 안전 확보, 담임교사와 보호자에게 보고, 관리자 및 소속 교육지원청에 보고
> 2. 위기관리위원회 개최 요청(사안에 따라 학부모 참석 필요)
> 3. 위기관리위원회 실시 및 참여: 학생의 안전에 대해 학교, 학부모의 의견 모두 정리, 협의록 작성 및 결재(담당자)
> 4. 위기 학생 추수 관리(상담 및 관찰)

위기관리위원회가 열리면 참여하는 위원들에게 위기관리위원회를 통해 학교 구성원들이 협력하여 다각적인 방법으로 학생을 돕겠다는 마음의 준비를 할 수 있도록 안내해 주세요. 학생에게도 위기관리위원회의 필요성을 잘 설명하고, 마음이 힘든 아이를 매일 보고 있는 보호자에게도 학교가 협력할 준비가 되어 있음을 알리고 위로와 힘이 되도록 안내해야 합니다. 물론 아동학대나 가정폭력의 경우는 제외하고요. 위기관리위원회를 통해 학

생의 위기 사안을 그저 처리하는 것이 중요한 것이 아닙니다. 궁극적으로는 학생과 보호자의 마음을 잘 들어 주고 지속 상담, 관리, 치료 등의 안전한 방향을 선택할 수 있게 하는 것이 제일 중요합니다.

학업중단 위기 사안

학생이 잦은 결석, 학교 부적응 등의 사유로 학업의 지속이 어려워서 학업을 중단하는 것에 대해 고민할 때 학업중단예방위원회를 통해 위기 개입을 하게 됩니다. 학교별로 위클래스의 개입 순간이 다르겠지만 대부분은 학업중단 위기의 징후가 포착되면 상담이 의뢰됩니다. 이 과정에서 학생이 진정으로 원하는 것은 무엇인지, 학업을 중단하려는 이유와 학업을 중단하고 난 후의 계획 여부 등을 선입견 없이 들어 주어야 합니다. 있는 그대로의 마음을 들어 주는 것은 위클래스 상담교사들이 제일 잘할 수 있는 일이니까요. 그리고 어떤 계획을 갖고 있다면 진지하게 그 계획에 대해서 점검해 주는 과정을 갖습니다. 학생의 미래를 결정하는 것이니 좀 더 숙고해 볼 수 있는 과정인 학업중단 숙려제를 진행해 보도록 안내합니다.

학업중단예방위원회 실시 절차

1. 학업중단 위기 징후 포착 또는 중단 의사를 밝힌 학생의 경우: 학업중단 숙려제에 대해 반드시 안내
2. 학업중단 숙려제 참여 의사 표명 및 신청서 작성, 제출
3. 학업중단예방위원회 개최 기안, 숙려제 대상 여부 확인
4. 학업중단예방위원회 실시: 숙려제 기간, 방법 등 협의
5. 위원회 결정에 따른 학업중단 숙려제 운영 실시(기안)

10 학생에게 상담교사 전화번호를 알려 줘야 할까요?

지금 교육계에서는 교사의 개인 전화번호를 학부모, 학생에게 공개하는 것에 대해 많은 이야기가 오가고 있습니다. 이미 학교별로 교사들에게 업무용 전화번호를 부여하거나 개인적으로 2개의 번호를 사용하는 교사도 있습니다. 그만큼 교사의 개인번호 공개로 인한 개인생활 침해가 심각하기 때문이지요. 그러나 비상연락 등 필요한 경우가 있어서 교사의 개인번호 공개에 대해서는 어떤 결론을 내리지 못하고 있는 상황입니다. 이는 상담교사에게도 예외는 아닙니다.

보호자 상담을 하다 보면 개인 연락처를 요구하는 보호자가 있습니다. 저도 상담교사 초기에 연락처를 알려 준 경우가 있습니다. 대부분의 보호자는 그렇지 않지만 간혹 보호자가 걱정하는 마음에 늦은 밤이나 주말에 전화를 해서 무척 힘들었던 적이 있습니다. 또 심리적 위기라고 생각된 학생에게 개인 연락처를 준 경우도 있었는데 가끔 새벽에도 전화가 와서 한동안 전화기만 울리면 덜컥 겁이 나곤 했습니다.

　상담교사들도 개인적인 시간과 공간에서는 학교의 업무나 학생들과 분리되어야 합니다. 이는 상담교사가 소진되지 않고 학생들에게 좋은 상담을 하기 위해 중요합니다. 이른 새벽이나 늦은 밤 그리고 주말에 학생과 학부모의 전화에 놀라 소진되어 출근하면 다른 학생 상담과 업무에 전념하기 어렵기 때문입니다. 이런 점을 충분히 감안하여 개인 연락처의 공개 여부를 신중히 결정해야 합니다. 방학이나 업무시간 외에 상담 받을 수 있는 곳을 안내하거나, 청소년 긴급 전화번호를 알려 주거나, 학교로 연락하는 방법도 있습니다. 보호자에게는 위클래스의 전화번호로 일과 중에 연락하도록 안내해도 보호자 상담과 학생 관리에 큰 어려움은 없습니다.

　저는 일부 위기 학생과는 카톡으로 상담을 진행하고 있습니다. 너무 마음이 쓰이는 학생이 있다면 1~2명 정도의 학생에게 연락처를 줄 수도 있습니다. 하지만 상담교사가 다른 학생의 상담이나 업무에 지장을 받지 않는 선이어야 합니다. 위기 학생들과 카톡으로 연락을 주고받는 경우 너무 늦은 시간이나 새벽에는 바로 답을 못할 수 있다고 안내를 해야 합니다. 그리고 주말에는 선생님도 가정과 개인적인 일이 있다는 것을 넌지시 전하는 것도 좋겠죠? 사실 어려운 학생의 연락을 받고 대처하지 못한 경우 상담교사가 가지게 되는 마음의 짐도 걱정스러운 부분입니다. 이러한 점에 유의해서 개인번호의 공개 여부를 선택하면 될 것 같습니다.

저는 학생과 학부모에게 개인번호와 오픈프로필 연결이 가능한 QR코드가 있는 명함을 주고 있지만 간혹 개인 전화번호를 알려 주기도 합니다. 대개는 위기학생입니다. 그런 경우 해당 학생에게는 급하면 바로 연락하되, 꼭 통화하기 전에는 위험한 행동을 실행하지 말아 달라고 합니다. 실제로 서너 번 정도 급한 상황에서 연락을 받았던 적이 있습니다. 한 번은 학생이 차도에 서 있는 위기 상황에서 저에게 전화를 했는데 곧바로 학생의 위치가 파악되었습니다. 다행히 학생이 있는 곳이 멀지 않아서 통화를 지속하면서 그곳으로 가서 학생을 만났습니다. 이야기를 나누면서 학생이 진정되어서, 위기를 면하고 학생을 귀가시킬 수 있었습니다. 때로는 위기학생의 보호자와 급한 연락을 주고받기도 합니다. 그리 긴 통화가 필요하지 않더라고요. 이처럼 꼭 필요하다는 생각이 드는 경우에만 번호를 주고 있습니다. 생각보다 연락이 그리 자주 오지 않더라고요.

물론 다른 상담교사들도 꼭 개인번호를 알려 주어야 한다는 것은 아닙니다. 전적으로 상담교사가 각각의 상황을 판단해서 결정하는 것이죠. 상담교사의 사생활과 심리적 안정도 매우 중요하니까요. 개인번호 공개가 부담된다면 안 하는 것이 좋습니다. 오픈 프로필로 연결해 두어도 급한 경우에는 음성 통화가 가능합니다. 모든 위기의 순간에 상담교사가 응할 수 있는 것도 아닙니다. 상담 시간에 학생의 휴대폰에 109(자살예방상담전화), 1388(청소년 Help Call)과 같은 긴급·상담 전화번호를 저장하도록 하는 것도 하나의 방법입니다. 혹 학생이 전화로 자신이 위기상황이라는 걸 알린다면? 계속 통화하면서 문자로 112나 119에 신고하면 해당 기관에서 학생의 소재를 파악해서 출동할 것입니다.

11 외부 기관이나 병원에서 상담을 받고 있는데 질병 결석으로 인정받을 수 있나요?

간혹 담임교사가 상담교사에게 심리 상담을 받는 학생이 질병 결석으로 처리될 수 있는지를 묻는 경우가 있습니다. 상담실의 답은 명쾌합니다. '약은 약사에게 진료는 의사에게, 상담은 위클래스에 출결은 교무부에'입니다. 출결 규정은 교무부에서 확인하도록 하고 출결 내용은 담임이 확인하는 것입니다. 외부 기관에서 심리 상담을 받는 경우 학교장의 재량에 따라 출석으로 인정될 수도 있습니다. 이에 대해서는 교무부에 꼭 확인해 보아야 합니다.

정신과 병원 치료를 받은 경우에는 당연히 질병 결석으로 인정될 수 있습니다. 이 경우 병원에서 받은 진단서의 치료 기간이 중요합니다. 학생들이 정신과에서 치료 및 진단을 받은 경우 치료 기간을 진단서에 적어서 올 수 있도록 담임교사에게 안내하세요. 그러면 학생이 매번 병원에서 처방전이나 확인서를 받아오거나 진단서를 다시 받기 위해 병원에 두 번 걸음하지 않아도 됩니다.

*본문의 예시 자료 중 일부는 학교도서관저널 홈페이지(www.slj.co.kr)의 자료실에서 원본을 다운로드받을 수 있습니다.